私の早慶大合格作戦

2021年版

エール出版社・編

第４章　小論文対策、基本の第一歩

第１章

まぐれ合格はない、第一志望合格に大事なもの

早稲田大学　文化構想学部

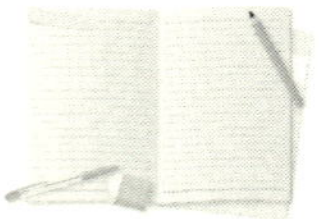

【併願校】早大文（○補）・教育（○）・人間科学（○補）・スポーツ科学（○）・政経（×）慶應大文（○）中央大法（セ○）・文（セ○）

第一志望への熱い気持ちと正しい努力が合格点を手繰り寄せる

匿名希望　東京都　私立高校　現役

私は第一志望の早稲田大学文化構想学部をはじめ、早慶に複数現役合格しました。私の体験が参考になれば幸いです。

★高校3年間を振り返って

私が志望校を決めたのは高校1年生の春です。親が早大ＯＢでよく話を聞いていたのもあり、もともと早稲田に漠然とした憧れを抱いていましたが、オープンキャンパスで校風に惚れ込み、絶対に早稲田に行きたいと思うようになりました。今思えば、最後までその思いを持ち続けられたことが合格につながったのだと思います。

ここからは、私が受験勉強を始めた高1から順に振り返っていきたいと思います。科目ごとの詳しい勉強法は後述します。

◎高1

私の通っていた高校は英語の授業がオールイングリッシュで行われていたため、ＳＶＯＣすら知らない状態でした。そこで早稲田アカデミーに入塾し、英文法の基礎を学ぶ1年にしようと決意しました。

部活が少なかったので春期講習は早稲アカのほかに河合塾マナビスの無料体験を申し込み、強制的に一日じゅう勉強することで、学習習慣をつけました。キツかったですが、おかげで長時間の勉強があまり苦に感じなくなりました。褒められたことではありませんが、大手予備校の無料体験を活用して勉強の機会を増やすことは、コスパもよいのでお勧めです。

春以降は、早稲アカの授業を軸にしながら、主に英文法の基礎を身につけました。

◎高2

学校では高2から文系、理系に分かれ、本格的に日本史の授業が始まりました。後述しますが、日本史は基本的に塾に通ったりせず、学校の授業を完璧にし、テストで高得点を取ることを目標に学習しました。

1学期は引き続き英文法の基礎の詰め込み作業と、新しく早稲アカで国語の授業を取り、古文、漢文の基本事項を覚えていきました。上級クラスに所属していたので、ついていくのが大変でしたが、この頃はまだちらほらと勉強しない日がありました。

夏休みはほぼ毎日9時〜15時まで部活がありましたが、部活終わりは必ず塾に行くと決め、夕食の時間まで主に日本史の覚え直しと、『頻出英文法・語法問題1000』(桐原書店)を使った英文法の復習をしていました。これも後述しますが、高2の夏にこの本を1周し、英文法をあらかた固めることができたのは、最大の勝因の一つだったと思います。

これほど英語を重視し勉強を重ねてきた私でしたが、英語の成績はずっと伸び悩み続けていました。

そんな私に転機が訪れたのは10月です。今までついていくことができなかった英語の授業の復習を見直すことにしました。具体的には授業を毎回録音し、次回までに最低3回、授業の内容はもちろん先生の雑談まで覚える勢いで聞きこみました。これが功を奏し、冬には成績が急上昇しました。

◎高3

高3の春から、古文の補強のために東進に通い始めました。私はもともと集中力があるタイプではないので、学校、早稲アカ、東進、家、カフェの5つの学習スペースを転々としながら勉強していました。

早稲アカでは、春から早慶大必勝コースを受講し、毎週日曜日、8時間の早慶に特化した授業と2時間の基本事項の暗記を行いました。日曜日が潰れてしまうのはキツかったですが、必勝の授業を完璧にすれば受かるという安心感がありました。クラスは成績で2組に分かれており、毎週1組の成績優秀者掲示に載ることを目標にしていました。同レベルのライバルたちと切磋琢磨できたのは大きな勝因です。

普段の勉強は、大まかに1学期はセンター演習、夏は基本事項の総まとめ、秋から過去問演習に入っていきました。

◆私の科目別勉強法

ここからは、科目別に対策を紹介したいと思います。

◎英語

英語は好きでしたが、受験英語に関しては不安を抱えていましたので、一番時間をかけて対策をしました。最終的には河合模試で偏差値80、早慶オープンで偏差値70を取るまでに成長しました。

【英文法、語法】

先述の通り、文法用語は愚かSVOCの概念すらも知らなかった私にとって、最も苦労した点です。

対策としては、塾の授業に加えて、『**頻出英文法・語法問題1000**』（桐原書店）を高2の夏に1周しました。その後、苦手な部分を中心に何周もし、最終的に高3の夏には解けない問題がないようにしました。その後、『**英文法ファイナル問題集**』（難関大学編）（桐原書店）を確認程度に1周した後は、最後まで英文法に触れませんでした。文法にとらわれるあまり、読解の速度が落ちることを恐れたからです。

【単語】

単語帳は、『システム英単語』（駿台文庫）を使っていましたが、最後まで単語帳に載っている全単語を覚え切ることはできませんでしたし、そこまでの必要性を感じていませんでした。

受験英語で最も重要な力は、「単語推測力」であると考えるからです。文型や前後の話題から、知らない単語の意味や働きを推測するのです。私は中学から学校でこの力をつける訓練をさせられていたので、単語の面ではあまり苦労しませんでした。

また、難しい単語が文中に出てくることはあっても、下線が引かれて問題となることはあまりありません。

単語帳を何冊も覚えて、文章を単語力で読もうとすることは非効率だと思います。

【読解】

中学から学校で多読を続けていたので、パラグラフリーディングはできていましたが、精読が苦手で、文構造の複雑な文章が読めませんでした。そこで高2の冬に『**ポレポレ英文読解プロセス50**』（代々木ライブラリー）、高3の1学期と夏に『**英文読解の透視図**』（研究社）を1周ずつしました。

【過去問】

センターは高3の春から、私大は夏休み中から過去問を始めました。夏は週2くらい、秋からは週3、センター後からは毎日、時間を測って解いていました。私は早慶以外一般受験しなかったので難易度はどれも変わらないと思い、その日解きたい学部を気まぐれに解いていました。
各学部8年分ほど、第一志望の文化構想学部と、出題傾向が似ている文学部は、学部改編が行われた2007年からの過去問をすべて解きました。夏休み後から安定して合格最低点以上を取ることができていました。

◎国語

【現代文】

現代文は小学校からの得意科目で、特に力を入れて対策をすることはありませんでした。必勝の授業を受け復習するくらいでした。漢字や現代文単語も、特に自主的には行っていません。

【古文】

古文は苦手科目だったので、早稲アカの必勝のとは別に、高3の春から東進に行き、「吉野敬介の的中パワーアップ古文」を1学期に、「早大古文スペシャル」を夏に受講しました。問題を解く際のテクニックなど、知らないことをたくさん吸収できたのでおすすめです。

【漢文】

早稲田には漢文が出題されますが、比重はさほどではないため、そこまで重要視はしていませんでした。学校や早稲アカの授業、過去問以外で漢文の勉強をすることはほとんどありませんでした。

【小論文】

小論文は高3の冬まで全く対策をしていませんでした。そこで河合塾の冬期、直前期講習を受講し、先生に見ていただきました。現代文同様得意でしたので、特に過去問をやりこむことはしませんでした。

【過去問】

古文、漢文補強のため、高3の1学期にセンターの過去問を毎日大問1つずつ解くことを日課にして、演習量を稼いでいました。センター国語の選択肢は私大と似ていることが多いので、共通テストを重視しない私大専願の人も解くことをお勧めします。

私大の過去問は、秋から週2くらいのペースで解き始めました。国語は得意科目でしたので、志望順位の低い人間科学部などは2年ほどしか解いていませんが、近代文語文が特徴的な文化構想学部は12年分、その他の学部は5年分ずつ解きました。

◎日本史

日本史は学校の授業をベースに、高3の秋から記述対策のために早稲アカの授業も受講しました。問題演習は、『実力をつける日本史100題』（Z会）を何周もしました。直前期には、河合塾の「早慶大日本史直前講習」を取り、大勢の中での自分の立ち位置を確認しました。

日本史の成績を上げる際に一番大切なことは、「間違えた問題を二度と間違えない」ことだと思います。それを実行するためにすぐにできるお勧めの勉強法があります。

「間違えた語句や新たに知った事柄を、普段使っているノートや教科書に蛍光ペンでマークする」たったこれだけです。

私は学校の授業ノートに、間違えた回数によって蛍光ペンの色をかえてマークや書き込みをしていました。

この方法のメリットは、自分だけの最強の教科書が出来上がることにあります。見返したときに自分の間違えた（間違えやすい）語句がわかりますし、よく間違えるページは蛍光ペンがたくさんついているので、時間の空いたときや直前期に見直すべきページが一目でわかります。

自分の間違えやすい箇所や、知らなかった細かい情報が詰まったノートは、どんな教科書や参考書よりも自分に合ったノートです。間違った所に線を引くだけで出来上がるので、是非やってみてください。

◎過去問

センターは9月から週2で、私大は10月から週3くらいを目安に行っていました。日本史はすべて学習し終わるのが遅く、なかなか合格点まで届かなかったため、11月からは毎日センターか私大の過去問を解き、知らなかったことをどんどん吸収していきました。センターは本試全年度分（たしか30年ほどあります）、私大はそれぞれ10年分解きましたが、合格点を超えるようになったのは1月に入ってからでした。

★スケジュール帳を使って勉強計画を立てる

勉強計画は、ウィークリーのスケジュール帳を使って立てていました。目標からやるべきことを月単位で決め、それを書き出した後、1日に割り振ります。

例えば、夏までに古典文法を完璧にしたい↓文法書を1ケ月に1周ずつ回す↓文法書を30等分して1日の量を決めるといったプロセスで勉強計画を立てていました。

1日の量を決めた後は、それをスケジュール帳に書き込みます。あとは、毎日そのスケジュール帳に従って勉強を進めていくだけです。終わった課題には二重線を、終わらなかった課題には丸をつけ、翌日以降の予定に組み込みます。

勉強計画を立てる上でお勧めのポイントが2つあります。

1つ目は、スケジュール帳になるべく細かくやることを書くことです。そのほうが文字数が多くなり、消すときの達成感が大きくなります。

2つ目は、1週間に1回、何も予定を立てない日を作ることです。

どんなに完璧な計画を立てても、その日の体調などで取りこぼしてしまう課題が出てきてしまいます。そこでとりこぼした課題を、予定を立てていない日に片付けるのです。できていない課題が溜まり過ぎるとやる気もなくなり、できていない課題が増えるという悪循環に陥ります。定期的に課題を精算する日を作ることはとても有効でした。

また、私のスケジュール帳は上にto doリストがあったので、そこを利用して、どうしても覚えられない単語やその週に知った覚えておきたいことをメモしていました。スケジュール帳は毎日何度も開くものです。必然的にそのメモも毎日目に入るので、覚えやすくなります。

★一般受験は早慶のみ、抑えはセンター利用に絞る

私は、センター利用で中央大学文学部（４教科型）、法学部（５教科型）、早稲田大学スポーツ科学部に、一般入試では早稲田大学文化構想学部、文学部、教育学部、政治経済学部、人間科学部、スポーツ科学部、社会科学部（受験せず）、慶應大学文学部、東京外国語大学国際社会学部（受験せず）に出願しました。

私は早慶以外行く気がなかったので、一般受験は早慶しか受けませんでした。その代わりＭＡＲＣＨなど抑えの大学の対策はせず、すべてセンター利用で取ることを決めました。多教科型のほうがボーダーは低いので、センターでは数学と理科基礎も受験しました。また併願として東京外国語大学にも出願しました。

抑えといえども、ＭＡＲＣＨは難関大学には変わりがなく、併願対策を個別にしようとするとそれなりの労力がかかってしまいます。しかし、センター利用試験は、センター対策のみで、複数の大学に合格することができます。しかもセンターはある程度難易度が決まっているので併願校対策よりも簡単にでき、その分志望順位の高い早慶に時間を割くことができます。

かなりリスクの高い方法ではありますが、早慶以外一般受験しない、と決めたことでプレッシャーがかかり、モチベーションを高いまま保つことができました。当たり前ですが、志望順位の低い大学の対策を出来るだけせずに、早慶を多学部受験したほうが勝率は上がります。早慶以外に行きたくない！　何が何でも早慶に行きたい！　という方は是非検討してみてください。

◆試験本番実況中継

私は多学部を受験したので、受験のスケジュールがとてもハードでした。まず、一般入試が始まるまでに中央大学の合格はいただいていました。それが唯一の安心材料でした。

私の受験は第一志望の文化構想学部から始まりました。初めての受験が第一志望ということもあり、前々日から緊張と不安で、1時間ごとに涙が出てくるという極限状態にいました。そんな中過去問を解いても良い点数が出るはずもなく、更に焦ってしまうという悪循環に陥ってしまっていました。いつものように解けば受かるとはわかっていても、とても不安でした。

しかし当日、校歌を聴きながらキャンパスに入ると、不安が一気に吹っ切れ、やってやる、ここにいる人たち全員蹴散らしてやる、と闘志が湧いてきました。よく全員頭が良く見えてしまうといいますが、私の場合は真逆でした。やっと受験勉強が終わる、とニヤついてさえいました。今考えると、完全にヤバい受験生だったと思います。手応えとしては英語、国語は順調に行きましたが、日本史でつまずいてしまい、落ちを確信していました。

しかし翌日からも試験があり、なんとか気持ちを切り替えながらも毎日全落ちの恐怖と闘っていました。

そんな時、事件が起きました。人間科学部の入試の日です。後ろの方の鼻息が荒く、1時間目の英語に集中できなかったことに焦るあまり、60分の国語の試験終了時間を30分勘違いしてしまったのです。結果半分以上白紙で提出することになり、得点源だった国語で大失敗したショックはとても大きいものでした。涙が抑えきれず、次の日本史が始まるまで自席でずっと泣いていました。本当にショックでした。皆さんはどんなに試験に慣れたとしても、焦っていても試験時間を確認することを怠らないでください。

私はショックを翌日の文学部の試験まで引きずってしまい、泣き疲れてあろうことか文学部の試験中に寝てしまいました。結果的に両学部補欠合格したので良かったものの、本当に精神的に追い詰められました。連日続く試験では、失敗を引きずるとドミノ式にどんどん崩れていくので、何か立ち直れる策を考えておいたほうが良かったです。

私の受験が終わったのは、政治経済学部の日です。その日は文化構想学部の合格発表の日でした。お昼休みに合格を知ったときは、泣きそうなくらい嬉しかったです。

◎終わりに　私はスマホを一切我慢することはありませんでした。試験の前日ですら、クルクラという早大生 YouTuber の動画を見ながら眠りにつきました。

受験で大切なのは、やりたいことを我慢することではありません。試験の日に合格最低点を超えることです。自分の成績を客観的に把握し、計画をこなせているのであれば、むやみにやりたいことを我慢してつらい受験生活を送る必要はないのです。

第一志望の大学に行きたいという強い気持ちを持ち続けて、正しく努力をしていけば、必ず最後には合格点に届くはずです。頑張ってください。

◎勉強計画のスケジュール帳

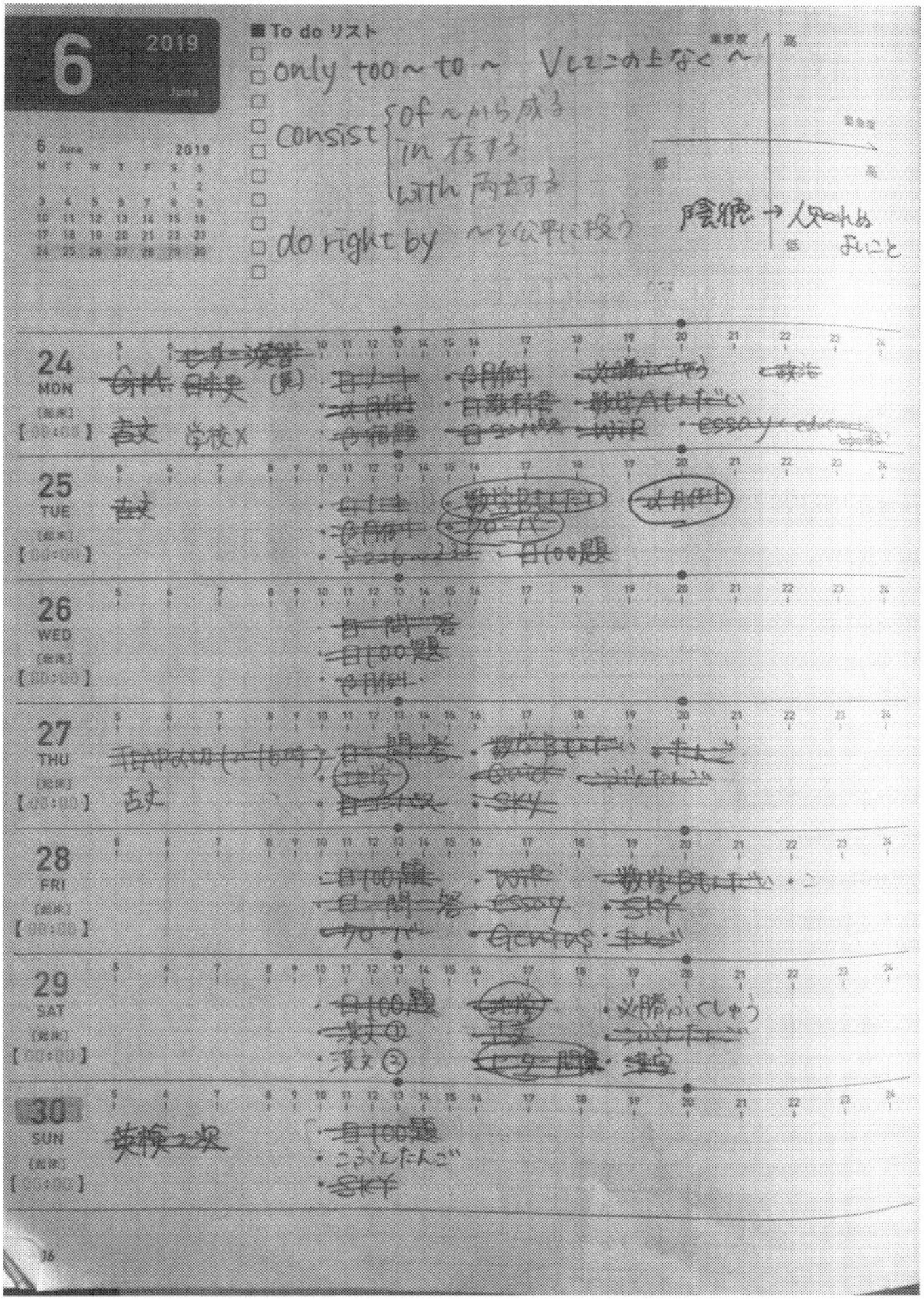

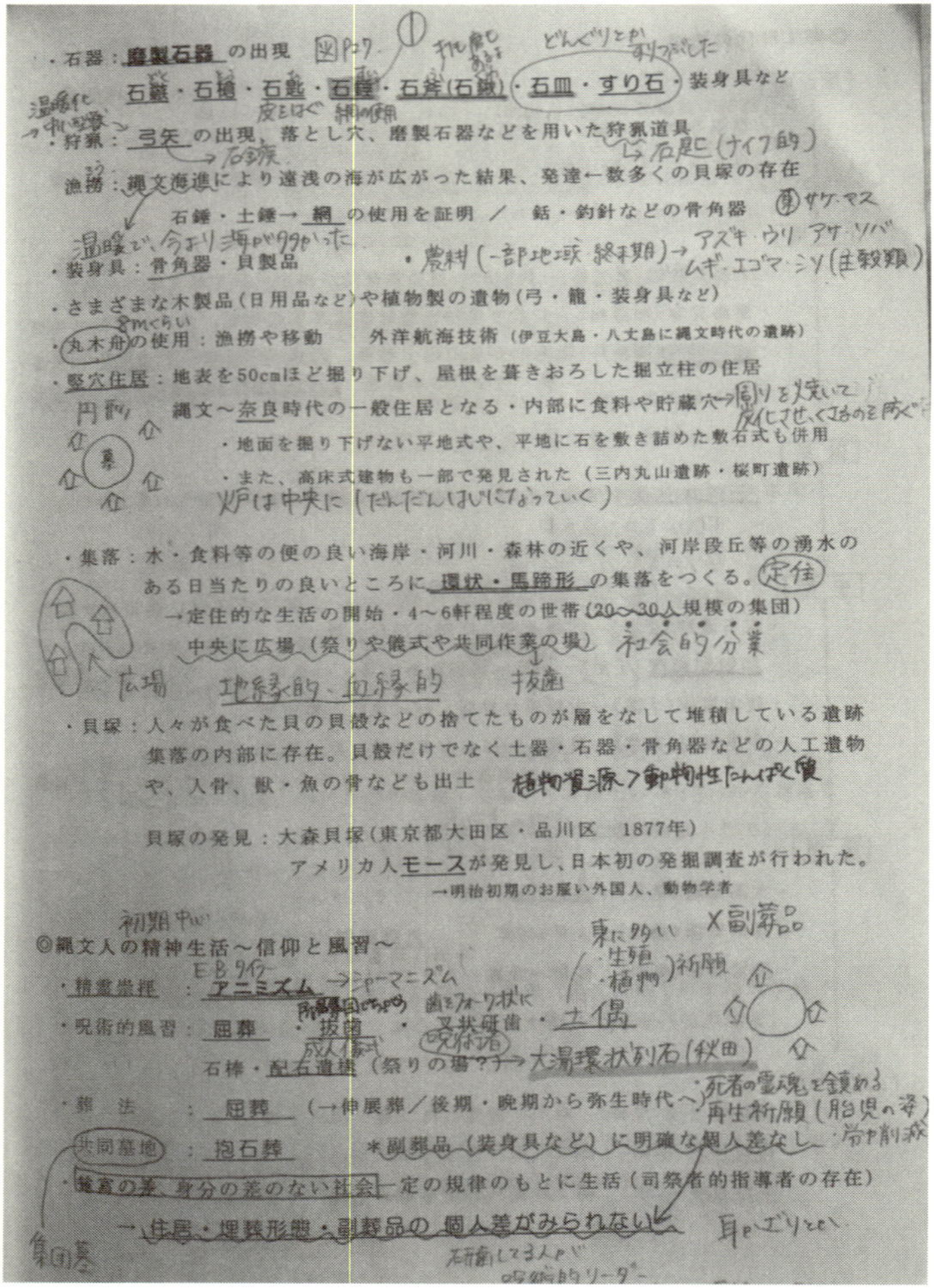

◎日本史ノート

・石器：**磨製石器** の出現　図P-7

石斧・石槍・石鏃・石錘・石匙(石錐)・石皿・すり石 装身具など

・狩猟：**弓矢** の出現、落とし穴、磨製石器などを用いた狩猟道具
　　　　　　　　　　　　　　　　　　　　　　　石匙（ナイフ的）

・漁撈：縄文海進により遠浅の海が広がった結果、発達・数多くの貝塚の存在

　　石錘・土錘→**網** の使用を証明　／　銛・釣針などの骨角器　　サケ・マス
　　　　　　　　　　　　　　　　　　　　　　アズキ・ウリ・アサ・ソバ
　・装身具：骨角器・貝製品　　　・農耕（一部地域　終期）→　ムギ・エゴマ・シソ（主穀類）

・さまざまな木製品（日用品など）や植物製の遺物（弓・籠・装身具など）

・丸木舟の使用：漁撈や移動　　外洋航海技術（伊豆大島・八丈島に縄文時代の遺跡）

・竪穴住居：地表を50cmほど掘り下げ、屋根を葺きおろした掘立柱の住居
　　　　　　縄文～奈良時代の一般住居となる・内部に食料や貯蔵穴
　　　　　・地面を掘り下げない平地式や、平地に石を敷き詰めた敷石式も併用
　　　　　・また、高床式建物も一部で発見された（三内丸山遺跡・桜町遺跡）
　　炉は中央に（だんだんはじになっていく）

・集落：水・食料等の便の良い海岸・河川・森林の近くや、河岸段丘等の湧水の
　　　　ある日当たりの良いところに **環状・馬蹄形** の集落をつくる。　定住
　　　→定住的な生活の開始・4～6軒程度の世帯（20～30人規模の集団）
　　　中央に広場（祭りや儀式や共同作業の場）　社会的分業
　　広場　　　地縁的・血縁的　　　　抜歯

・貝塚：人々が食べた貝の貝殻などの捨てたものが層をなして堆積している遺跡
　　　　集落の内部に存在。貝殻だけでなく土器・石器・骨角器などの人工遺物
　　　　や、人骨、獣・魚の骨なども出土

　　貝塚の発見：大森貝塚（東京都大田区・品川区　1877年）
　　　　アメリカ人 **モース** が発見し、日本初の発掘調査が行われた。
　　　　　→明治初期のお雇い外国人、動物学者

◎縄文人の精神生活～信仰と風習～
・精霊崇拝　**アニミズム**　→シャーマニズム
・呪術の風習　屈葬　・抜歯　・土偶
・石棒・配石遺構　（祭りの場？）→大湯環状列石（秋田）
・葬法　　　屈葬　（→伸展葬／後期・晩期から弥生時代～
　　　　　　　　　　　　　　　　　　　　死者の霊魂と鎮める
　共同墓地　　抱石葬　　　　　　　　　　再生祈願（胎児の姿）
　・貧富の差・身分の差のない社会　　一定の規律のもとに生活（司祭者的指導者の存在）
　→住居・埋葬形態・副葬品の 個人差がみられない

慶應義塾大学　法学部

【併願校】慶應大商（○）早大政経（○）・法（○）上智大法（○）
中央大法（セ○）・総合政策（セ○）明治大法（セ○）

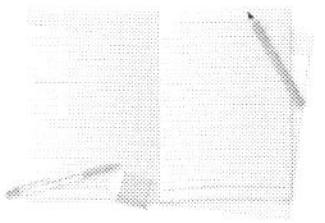

目指すは合格者最高点　努力×勢い＝合格!!

植木優人　東京都市大学付属高校（東京・私立）現役

★受験する大学・学部を決めるまで

中3まで、東大・早稲田・慶應義塾以外の大学を知らず、興味もありませんでした。しかし、中3で進路に詳しい先生が担任団に入ったことが転機でした。

最初に「MARCH」を知り、そこから志望校を考え始め、❶名前がかっこいい❷家から近い❸図書館がすごい❹日本一の学園祭、三田祭を動かしたい！　などの理由から、慶應商学部を第一志望にしました。笑われるかもしれませんが、中3時点での志望校決定なんてこんなもんで大丈夫です。その後、高2の最初の段階で、慶應法学部が私文トップということを知り、どうせ目指すなら最高峰！　ということで、第一志望を変えました。短絡的にも思えますが、理由なんて後からついてくるものです。まずは直感的に決め、そのあとで研究成果や有名な教授などを調べたり、また自分の将来と絡めてその学問がふさわしいのか考えたりするのがお勧めです。

★受験環境

高校の校風は、進学校のそれでもなければ付属校のそれでもないといった感じで、ゆるーい空気が流れており過ごしやすかったです。ただ、高2の冬頃から周囲の進路意識が高くなり、その流れに乗るように自然と受験勉強を開始することができました。忙しくなるのと、自分の勉強のペースを乱されるのが嫌で、予備校には通いませんでした。

★受験勉強の上手なスタートの切り方

高2の10月に文化祭があり、そこまでは部活・文化祭にすべての力を注ぎました。私の場合、文化祭の終了と部活引退を機に、高2の12月（センター約1年前）から受験勉強への助走を始め、1月にはセンター同日模試、高2最後の春休みで受験勉強の基礎を固め、高3の4月から本格的な受験勉強に突入といったスケジュール運びをしました。いきなりフルスロットルに入れても空回りしてしまいがちなので、徐々にエンジンを温めながら走っていくというイメージで考えるとよいと思います。

★合格するための受験計画の立て方&シーズン別勉強法

◎受験計画

私は、「Ｓｔｕｄｙｐｌｕｓ」というアプリを使い、勉強時間・内容の管理を行いました。このアプリの利点は、「自分の勉強のバランスがわかる」ことです。受験勉強では、ついつい好きな科目をやりすぎて苦手科目がほったらかし、なんてことがありますが、このアプリを使い自分を律すればそんな失敗は防ぐことができます。

逆にデメリットとしては、「勉強時間に囚われてしまう」ことがあります。勉強において大事なのは、勉強時間と質を両立することです。質が伴わない勉強を1日16時間やったって思ったより伸びないですし、質の高い勉強をたった5時間やったって（多くの場合は）結果がついてきません。

では、Ｓｔｕｄｙｐｌｕｓを利用して、量と質を両立するにはどうするか。

私は、「参考書ごとに1冊の最短所要時間を計測し、いくら時間がかかろうともその時間分しか記録しない」というスパルタ方式をとっていました。

具体的な方法としては、1．参考書に集中した状態でタイムアタックする　2．その時間を、その参考書の記録時間にする　3．後日その参考書を勉強した際、いくら時間がかかろうとも、自分が出した最短記録分しか記録しない、こんな感じです。

どんな参考書をやっていても途中でぼーっとしたり、寝落ちしたりします。これは仕方ないことなんです（受験期は基本眠たい）。しかし、このように追い込んでいけば、「2時間もやったのに1時間分しか記録できなかった！」などと悔しい気持ちになって集中しようというやる気が涌きますし、何より記録後の勉強時間が「自分の最高に集中した状態での勉強時間」となり、信頼度が増します（ダラダラした勉強を何十時間続けても、勉強記録の信頼度は低いですよね）。このアプリと、記録方法はぜひ活用してみてください！　※向き不向きはあります。

2時間もやって1時間分しか記録できないと萎えてしまう人は、自分に甘く記録をつけちゃいましょう。それでもいいんです。自分を勉強する気にさせて、きちんと褒めてあげることも重要な自己管理です。自分の性格に合った勉強をしていきましょう！

◎時期別の勉強

【高2冬】

何事も最初が大事かな～と思い、平日8時間・休日12時間くらい勉強していました。少しさかのぼりますが、高2の1年間は私文とはいえ3科目に特化せず、定期テスト&1年間評定平均学年1位を取るために全科目ガチで頑張りました。なぜこんなに学年1位にこだわったかというと、都市大付属高校から慶應法学部に、過去4年間誰1人として合格しておらず、だったら1位を取ってなきゃ受かるわけないという謎理論を提唱していたから&指定校に慶應が登場するわずかな可能性に懸けていたからです（笑）。

最終的に目標を達成でき、とても嬉しかったです。模試は努力が報われないことが多々あり、残念ながら入試本番も努力が報われないことのほうが多いという現実があります。でも、定期試験は努力さえすれば誰でも目標を叶えられる、努力がそのまま点数になる試験です。一度でもいいので、

「1.自分なりに超頑張れば達成できそうな目標を立てて　2.達成する」ということをしてみてください。自信がつきますよ！

【春休み】

この時期は基礎固めに徹しました。とにかく基礎基礎基礎、大事なのは基礎です。この時期に英文法と古典全般から逃げたことが、あとあと自分を苦しめることになったので、皆さんはきちんと苦手な分野や手薄な分野にも立ち向かってください。この頃は毎日11時間勉強し、最後に勉強を頑張った自分へのご褒美として、友だちと名古屋に泊まりの旅行に行きました。

【高3の1学期】

春休みに受験勉強を始め、この期間は春休みとやることを変えませんでした。全速力で走り続けても息切れしてしまうので、平日7時間、休日は9～14時間の勉強をしていました。

高2のときの癖で、定期テストは数学や理科を含めて最上位層に入れるように頑張っていました。またこの頃、英検準1級を初めて受験し、絶対受かると思っていたのに8スコア差で落とされました。これは問題にして0.3問分です。しかもこのとき、リスニングで1問マークミスをしていました。この経験からマークミスの怖さ、そして受験は1点差、いや、小数点以下の差で落ちることもあるということを痛感しました。また、落とされた悔しさで勉強に火がつきました。

【高3夏休み】

よく夏休みが受験の天王山と言われますが（私もそう思っていました）、受験が終わってから振り返ると案外そうでもないです。そのため、計画通り夏を終えられた人は自信を持てばいいし、計画通りにいかなかった人、部活があって勉強時間が取れなかった人(大多数が後者だと思います)も、悲観しないでください。二次試験までまだ5カ月もあります。全然まだ戦いは始まってもいないです。諦めずに9月から追い上げてください! 応援しています!

ちなみに私の場合は、全然計画通りにはいきませんでしたが、結果的には7・8月の60日間で700時間ほど勉強したので、平らにならせば1日12時間くらいです。繰り返しになりますが、意外と夏明けから受験までは長いです。ただ、勉強が0の日は作らないようにしたほうがいいと思います。たぶん次の日が地獄です。

9月初旬の河合記述で、得意なはずの英語が大スランプ。クラスの中でもほぼ最下位だったので、焦りはありました。しかし、焦ったからといって行動を変えることはしませんでした。模試で一喜一憂はしていいんです。大事なのは、「模試に振り回されない」ことです。最後に、勉強場所についてですが、家は勉強する場所ではなく遊ぶ場所だったので、学校や図書館を使っていました。

【高3の2学期】

参考までに、各月の勉強時間は9月が270時間、10月が286時間、11月が255時間、12月が317時間です。1学期、夏休みは試行錯誤の時期なので、質をあまり追求しなくてもいいですが、夏休み明けからはいよいよ時間の流れが超速くなる(ギャグじゃなく本当に時間の流れが速くなりますw)ので、試行錯誤なんてしていられません。2学期は最低でもこれくらいの勉強時間は確保したうえで、質の高い勉強をしましょう。

気づいたらセンター1カ月前になっており焦りましたが、夏にやり込んだ自信があったのでドーンと構えました。

【高3冬休み～センター試験】

センター試験がいくら近づいてきても全く緊張感が出てこず、これは逆にまずいんじゃないかと思い始めるようになりました。加えて、センター試験1週間前から原因不明の咳と熱が出てきました。毎日37度を超す熱で勉強もできず、当日も本調子ではありませんでした。このとき、「毎日マスクをしていたのに…」「あんなに手を洗っていたのに…」と受験期の中では最も精神的に辛かったので、体調管理はガチにやってください。人にもよると思いますが、勉強面の不安よりも体調面のほうがキツかったです。

◆合格を決めた私の科目別勉強法のコツ

◎全科目過去問について

早慶大を目指すなら、学校の先生が授業中・課題の題材として取り上げる場合を除いて、早慶大以外の過去問はやる必要は全くないと思います。というよりも、やる時間がないと思います。そのため、真剣に早慶大合格を考えているのであれば、覚悟を決めて過去問演習も絞りましょう。ただ、実力がないのに過去問を解くのももったいないので、先生などの指示も仰ぎながら10月くらいから過去問演習に入れるようにしましょう。

◎英語

【英単語】 1~100、次の日は1~200、とミルフィーユのようにやってください（武田塾チャンネルで見た勉強法です。武田塾のYoutubeはとてもお勧めです）。英単語における「完璧」というのは、その単語帳を1時間で1周できるようになることです(古文単語や英熟語も同様)。「完璧」を目指しましょう。

【英熟語】 英単語と同様に積み重ねが力になります。

【長文】 学校の授業で読むと思いますが、唯一英語長文だけは高3の1学期から早慶の過去問を使用していいと思います。このときに、英検準一級レベルの単語がある程度仕上がっているか否かが、早慶の過去問に手を出す基準だと思います（遅くとも夏休み中には英検準1級レベルを「完璧」にしてください）。いっぱい読んで、いっぱい解いて、文章を味わい尽くしましょう。

◎日本史（地歴）

先生の指示に従ってください。積み重ねが効く科目であり、学校のテストが受験に直結する科目でもあります。基本は①授業をちゃんと聞いて、②テストで8割以上取ることです。そして、最高の教材はセンター試験過去問です。センター試験を解いて、間違えた所&合っていたが不安な所をノートにまとめることで、自分だけの最高の参考書を作れます。私はそこに模試なども追加し、最高のノートができました。勉強はこのノートを何回も見る（最大50周しました。繰り返しが大切）ことと、山川のテキストを見ること、そしてたまに早慶の過去問を解くことです。

早慶受験生の目指すべきレベルは、たぶん皆さんが思っているよりずっと低いです。わかりやすく言うなら、「センターレベルの少し上」が早慶の地歴です。重要なのは何個難しい単語を覚えたかではなく、センターレベルの単語に対してどれだけ多方面から理解しているかです。

◎小論文

「書いて、添削してもらう」これが王道です。学校の先生に頼みましょう。それでも応じてもらえない場合は塾に通ってもいいですが、小論文で塾に行くのは、時間に相当余裕がある人だけでいいと思います。

私は新聞を読んでいましたが、後から考えれば受験に役立つというよりは、息抜きになる、という感じです。

◎現代文

早稲田の現代文は難しい、と言われますが、慶應法学部の論述力（小論文）の課題文が最も難解です。そのため慶應を第一志望にしている人は、小論文の対策をするだけで早稲田は全学部合格点を大きく超えられます。

◎古典

慶應を目指していたので、センター満点を最終目標に取り組みました。慶應を目指す人も共通テストの古典で満点を目指すと良いと思います。そのために、まずは基本の**『重要古文単語315』**（桐原書店）を何周もして完璧にすることです。漢文も基本を徹底しましょう。早稲田の古典は慶應志望者には恐怖ですが、早稲田法学部はセンターレベルですし、早稲田政治経済学部は難しくて周りの人もできません、安心してください。

★おすすめの参考書と使い方

◎英単語

・システム英単語（駿台文庫）**【**高2春休み**】**↓**・鉄緑会東大英単語熟語鉄壁**（KADOKAWA）**【**高3の4月**】**↓**・DUO**（アイシーピー）**【**高3の5、6月**】**↓**・でる順パス単英検準1級**（旺文社）**【**高3の6、7月**】**↓**・でる順パス単英検1級**（旺文社）※慶應法学部など一部学部のみ**【**高3の2学期**】**

以上は英単語のお勧めです。この順番、時期でそれぞれ「完璧に」すれば、英単語に限れば早慶は余裕です。『鉄壁』は「東京大学」を銘打っているので、最後のほうに取っておきがちですが、むしろ『シス単』の次の「基礎的」単語帳としての活用をお勧めします。理由↓単語のレベル、理解を重視した構成。

◎英熟語

・解体英熟語（Z会）

最高の1冊であり、この1冊で完璧です。勉強法は英単語と同様ですので、科目別勉強法を参照してください。これに出ていない熟語は些末な知識ですので、過去問演習で出てきたらその都度覚えるだけでよいです。

◎日本史

・スピードマスター日本史問題集（山川出版社）→スピードマスター日本文化史問題集（山川出版社）

解いて、間違えた所は教科書で確認というプロセスを繰り返しましょう。

◎小論文

・文藝春秋オピニオン・日本の論点100（文藝春秋）

まず、受験勉強中だということを忘れるくらい面白く、内容も多岐にわたっているので楽しみながら視野を広げられます。これを読んだから点数が上がるなんてことはありませんが、参考書とにらめっこするのだけが勉強じゃないと割り切って、気分転換にぜひ読んでみてください。

★予備校の利用法

レギュラーの授業はお金もかかるし、時間を取られて自分の勉強のペースを乱されるので通いませんでした。

ここでは予備校に行っていない人向けの話となりますが、「日本史の期間講習だけ取ろう」とお伝えしたいです。英語や国語、小論文は、普段教わっている先生と予備校の先生の教え方が異なれば混乱してしまうため、1人か2人の先生を信じてついていくのがいいと思いますが、日本史に関しては、どうしても学校の授業だけだと大局的な視点が不足する&周囲の受験生のレベルがわからない&演習不足になってしまう、などの欠点があるため、期間講習だけ取りましょう。

◎おすすめ講座：河合塾総合日本史演習（夏）→河合塾早慶大日本史（夏）→河合塾近現代集中講義（夏）→河合塾総合日本史演習（冬）→河合塾早慶大日本史（冬）→河合塾早慶大日本史テスト（直前）

★ベストな併願パターン

センター（共通テスト）利用でＭＡＲＣＨの合格を取り、一般入試は上智（試験慣れ）と早慶のみ出願する。

私文の受験は『センターでGMARCHを決めて、上智で本番慣れ（上智大学は問題傾向が変わっているので落ちても仕方ないと思います）、あとは早慶しか対策しない』これが王道です。そのためにはとにかくセンター（共通テスト）で失敗しないことが最も重要です。センター試験（共通テスト）はすべての文系受験生が頑張る価値のある入試で、手を抜く理由など誰にもないと思います。応援しています。

◆試験本番実況中継

◎早慶3連戦受験レポート

2月14日、迎えた慶應商学部。慶應になったらさすがに緊張するかなと思いきや、1ミリも緊張しませんでした。慶應商学部は倍率10倍近いですが、合格点を大きく超えちゃえば受かることに変わりないので、倍率に圧倒されないでください。

そして慶應商学部の帰り、電車で不合格を確信しながら見た上智の結果は合格。わけわかんないなーなどと思いつつ、飛び上がるくらい嬉しかったです。

これを受け、いよいよ緊張感はマイナスになり、次の日の早稲田法学部は遊びみたいなノリで向かいました。しかしここで事件が起きます。1科目目の英語。全然読めない、いや、周りは読めるんだろうけど自分だけ読めない。あ、終わった。2科目目の国語。は？　全然わかんない。3科目目の日本史。え？　何これ？　過去最高にむずくね？　こんな感じです。3科目とも自己ワースト更新を確信しました。帰り道はもう早稲田嫌いだもん！　と思いながら帰りましたが、リラックスしていたので悔しさとかはありませんでした。

そうして迎えた第一志望、慶應法学部。前日の大失敗のおかげで、リラックスムードにピリリと少しだけ緊張感がプラスされ最高のメンタルでした。これはいけるかも、そう思いながら家を出ました。

ところが！　会場に着くと事件が起きました。なんと、体の震えが止まらないのです。これはやばい、初めて緊張してる！　と思い取った行動、それはイヤホンをつけることでした。なんと、イヤホンをつけて音楽にノッてるフリをして、震えをごまかしたのです。周りが一心不乱に勉強するなか、1人だけビートを刻む自分、なかなかシュールでした。皆さんも震えちゃったらなんとかごまかしてください。

なんとか震え問題は解決し、問題が配られます。ただ、慶應では問題配付から約20分、なにもできない時間があります。周りには寝ている人などいましたが、私は時間配分や問題形式が変わったときの対応について、あらかじめ決めておいたマイルールをひたすら頭の中で繰り返し、イメトレしていました。それでも時間が余ったら、透けて見えるのを見たりしてもいいかな～とは思いますが、まあ気休めレベルです。

そして10時、試験開始。開いた瞬間、きたぁ！！！　と思いました。形式変更です。いや、形式変更レベルじゃない、2秒間思考停止しました。周りの受験生も息を呑む音が聞こえるようでした。

まず、右ページ。いつもなら後半にある問題が、なぜかもう見えている。左ページ、なんの問題かわからない。これは驚きました。慶應法学部、やったな、そう思いました。

ただ、形式変更されたら有利になるのはわかっていました。なぜなら、周りの受験生は形式に惑わされて実力を出しきれない人が多いからです。私は、過去問演習の中で形式変更されても実力を出し切れるような計画を練りまくっていました。そのため、2秒後には意識を取り戻し、むしろ笑っていました。新傾向の問題を飛ばして解き進めていくと、全体的にめちゃくちゃ簡単だということがわかりました。この瞬間、頭の中で目標点を180点に設定し、そこを目指して解いていきました。試験終了後、完璧に計画を遂行できたため、めちゃくちゃ嬉しかったのを今でも覚えています。

続いて日本史。終了。もう、ほんっとうに正誤判定とかがむずすぎて、量多すぎて……60分で塗り切るのが精一杯で、上智の悪夢を思い出しました。慶應法学部は日本史で平均点に達さないと足切られるので、足切りを覚悟しました。

最後は論述力。もう日本史のせいでダメかもしれないと思っていたので、腹をくくり、足切りできるもんなら捨ててみろ！　ぐらいの勢いで書いていきました。

すると、途中であることに気づきました。『これ去年と全く同じ問題意識？？』なぜかは不明ですが、慶應法学部は2019年と同じような内容を求めているように感じたのです。そこで私は、内容としては2019年の本文をコピーしたような答案を書かざるを得ませんでした。こういうこともあります。ほんと受験って何が起きるかわかりませんね（後日、駿台が出した講評では『慶應法学部は1年越しの追試験を行ったのだ』と書いてありました。なんじゃそれ）。こうして私の一生に一度の第一志望入試、そして怒涛の早慶3連戦は幕を閉じました。

◎慶應法学部終了後

これまで必死に勉強してきたのは、すべては第一志望のため、そんな慶應法学部への思い入れが強すぎる少年は、すべてのやる気を失いました。それまで毎日勉強しまくってきたのに、いきなりこうなるかと自分でもびっくりしました。勉強する気にはなれず、本を読んだり慶應に行くつもりになってパンフレットを読みあさったりしているうちに、早稲田大学政治経済学部の入試を迎えました。

◎早稲田大学政治経済学部・商学部受験レポート

政治経済学部の日は体調が最悪で、ソファで寝ていたら時間がギリギリになってしまい、急いで家を出て試験場に向かいました。もう、早稲田は法学部の入試で大嫌いになっていたので、嫌だな～と駄々をこねるキッズみたいな気分でした。

会場に入ると集合時間ギリギリなので、周りの受験生は座って皆必死に勉強していました。

私は恥ずかしいことに勉強道具すらまともに持っていっておらず、何もしていないとナメられそうという謎の理由で、たまたまリュックに入っていた慶應法学部の計画表を読んでいるフリをしました。それくらい気持ちは切れていました。

しかし、試験が始まってみると自分の中で闘志が芽生えてきたことに気づきました。３日ぶりに読んだ英文もどんどん自分の中に入ってきます。これは最後の戦いだと思い、合格しよう、法学部の恨みを政治経済学部で晴らそうという気になってきて、真剣に解き始めました。

英語は英作文を含めて易化したこともあり、実力を出し切れました。続いて国語。あ、終わった、と思いました。過去問と比べてもとても難しい気がして、実力不足を痛感させられました。次の日本史も全く同様の感想。早稲田は縁がないんだな、と思いながら帰りました。

ついに運命の日、２月21日。この日の10時に慶應法学部の合格発表です。もはや、早稲田商学部は噛み締めるような気持ちで向かいました。これが最後の受験になるかもしれない、いや、なってほしい…と思いながら。

奇しくも早稲田商学部の試験開始時刻は10時。つまり、私は第一志望の合格発表が始まった瞬間から90分間、英語の試験で拘束されなければならなかったのです。この試験は人生で最もソワソワした試験となりました。始まった瞬間から慶應法の緊張が襲ってきて、なかなか謎な心境で解いていきました。そして試験終了。はやく回収してくれ！　と思いつつ、慶應法学部合格を神に祈ります。

そして昼休みに突入したとたん、スマホを手にダッシュです。すぐに電源をつけ、慶應の合格発表サイトを見るも、電波が悪い…全然繋がりませんでした。いてもたってもいられず外にダッシュしても結果は変わらず。昼休みが終わってしまうので、父にＳＭＳで結果を聞きました。すると『合格だよ～』と一言。信じられず、「嘘でしょ?」と聞きました。後から考えればそんな冗談をかますわけないのですが。ダッシュで教室に戻り、荷物をまとめて途中退出。

早稲田は試験放棄ができるのですが、その担当者の方に『どこか合格されたのですか?』と聞かれ、『第一志望受かりました!』と答えると、おめでとう! と、握手してくださりました。なんといい人。私の受験はこうして終わりました。あっけなかったです。

早大正門からバスに乗り学校を目指しました。喜びと感謝をすぐに伝えたかったからです。第一志望に合格したら、見える世界が違いました。

★これから早慶大を目指す皆さんへ

合格に何が大切か、第一志望を遥かに凌駕することです。目指すのは合格最低点ではなく、合格者最高点です。

それくらい目指さないと、落ちます。大好きな第一志望校、例えば隣の人がうるさかっただとか、問題形式が変わった、くらいのトラブルで落とされたらたまったもんじゃないですよね。なにがなんでも受かってください。

そして、1年間頑張ったら、最後には頑張った自分を褒めてください。そのうちに、支えてくれた家族、先生、すべての人へ自然と感謝が涌いてくるはずです。

受験勉強は楽しいものです。もちろん「楽しい」だけではなく、辞めたくなるときも、つらいときもありますが、そんなときは周りの人と協力し合って乗り切ってください。

皆さんの第一志望合格を心から願っています。でも、その結果を決めるのは皆さん自身です。

長いようで終わってみれば一瞬の1年間、ぜひ楽しんでください！

◎模試成績							
模試名	総点・総合偏差	国語・偏差	英語・偏差	歴史・偏差	小論・偏差	第一志望判定	ひとこと
センター同日	380/500 65.5	123/200 54.1	186/200 71.3	60/100 63.7		A	
河合 全統マーク1	402/500 68.9	155/200 68.9	175/200 67.6	75/100 65.5		E	安定のE
河合 全統記述1	367/500 73.2	143/200 77.8	154/200 71.3	70/100 70.4		C	記述でC！
駿台 全国判定1	366/500 64.2	117/200 55.2	173/200 72.4	76/100 60.0		A	
東進全国統一 高校生テスト	416/500 68.6	160/200 63.8	183/200 69.4	73/100 63.3		A	
河合 全統マーク2	409/500 64.7	155/200 61.9	192/200 69.1	68/100 63.0		E	体調不良
東進 センター模試3	476/500 70.7	190/200 69.8	198/200 70.1	88/100 69.9		A	絶好調
河合 全統記述2	331/500 66.4	132/200 66.8	132/200 64.8	67/100 67.5		E	英スランプ
駿ベネ マーク1	441/500 73.7	174/200 69.3	187/200 71.8	80/100 68.8		C	
駿ベネ 記述2	418/600 76.4	129/200 66.1	140/200 77.8	78/100 76.1		D	
代ゼミ 慶大プレ	296/400 67.9		163/200 68.7	83/100 65.7	44.2	A	全国1位
河合 早慶オープン	235/400 60.0	126/185 61.0	136/200 60.5	59/100 62.0	45.8	C	厳しい結果

◎センター試験成績							
英語筆記	リスニング	国語	現国	古文	漢文	日本史Ｂ	３科
176	42	176	97	38	41	98	448.4/500

・慶應法学部本番自己採点 英語 165 ～ 170 点／ 200 点 日本史 66 点／ 100 点 論述力（小論文）50 点／ 100 点 合計 281 ～ 286 点／ 400 点
・慶應商学部本番自己採点 英語 170 点／ 200 点 日本史 90 点／ 100 点 論文テスト 80 点／ 100 点 合計 340 点／ 400 点
・早稲田政治経済学部本番自己採点 英語 55 ～ 71 ～ 75 点／ 90 点 国語 44 ～ 47 ～ 52 点／ 70 点 日本史 39 ～ 49 点／ 70 点 合計 138 ～ 162 ～ 176 点／ 230 点
・早稲田法学部本番自己採点 英語 36 ～ 42 点／ 60 点 国語 27 ～ 32 点／ 50 点 日本史 31 点／ 40 点 合計 94 ～ 105 点／ 150 点

◎慶應法学部受験当日に持参した計画表

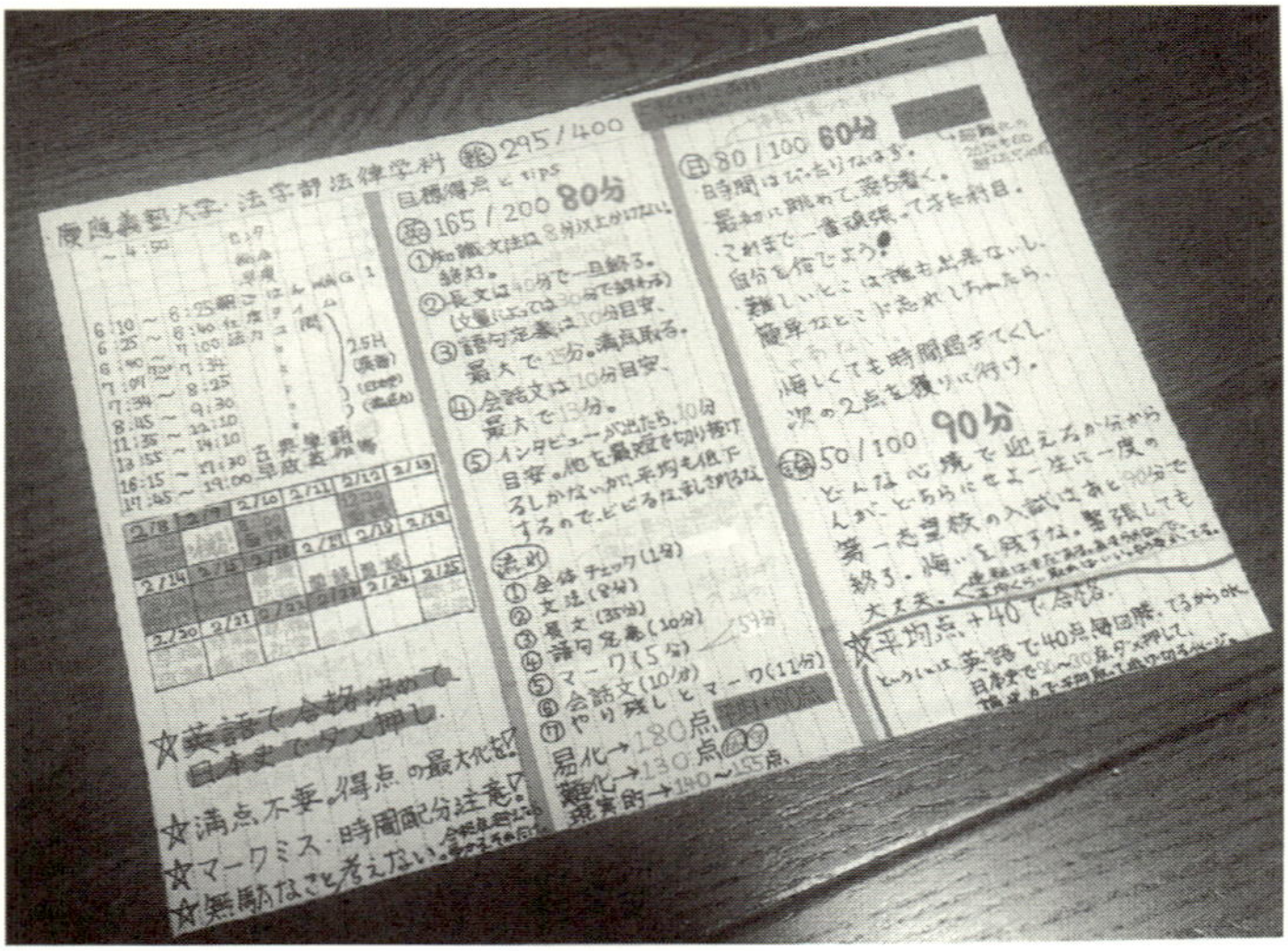

慶應義塾大学　法学部

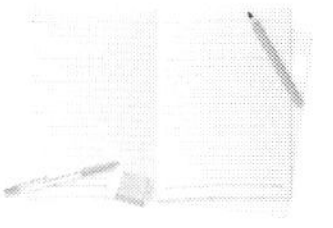

法学部（○）・商学部（○）明治大学政経学部（○）青学大学国際政経学部（○）立教大学経営学部（○）

「実現できる人間になる」受験を通して人生を変える!!

柴田悠帆　西春高校（愛知・県立）一浪

★現役時代―SFCの不合格通知を見た3秒後浪人を決意―

私は7月に部活を引退し、8月から本格的に受験勉強を開始しました。当時の私は理系の下位クラスに属しており、なぜか苦手であった数学と物理に悪戦苦闘していました。

志望校はスポーツ系に興味があったことから、早稲田大学スポーツ科学部でした。今思えばこの時に早稲田という選択肢を見つけたことが、私にとっての早慶大入試との戦いの始まりでした。その後12月になると、私はスポーツに対する興味を失い、SFCを目指そうと決めました。

しかし、もちろんSFCのハイレベルな英語と小論文を2カ月程度で攻略できるわけはなく、結果はSFC2学部とも不合格で、一応受けていた法政大学のみ合格をもらいました。しかし半年もの間、紆余曲折ありながらも早慶大を目指し続けた当時の私にとって、早慶大に行く以外の選択肢はなく、SFCの不合格通知を見た3秒後には浪人を決意しました。

★浪人時代—早慶合格の勉強計画—

◎3月

この時期に、私は早慶大へのチャンスを増やすために文転することを決意しました。元々英語と国語が得意科目でしたが、世界史に関しては全くの初学者でとても不安だったことを覚えています。

予備校選びに関しては知り合いに相談したり、実際に各予備校の説明会に聞きに行き、最終的に河合塾を選びました。決め手は何よりも早慶大の合格実績が優れていること、そしてその実績を裏付けるように、早慶大専用コースのカリキュラム内容が細かくて充実していたことです。

私は文転者としての焦りから世界史や英語に取り組んでいましたが、現役時代からの誤った勉強を続けていたので、結局3月の勉強を4月に細かく訂正することになってしまいました。4月から予備校に通う人は、むしろ頭の中を空にして新鮮な状態で最初の授業を迎えることがベストだと思います。

◎4～6月

この期間は河合塾では基礎シリーズと呼ばれ、徹底的に各教科の土台固めをする期間です。結果的にどの時期が一番大事かと問われたら、私は迷いなくこの時期を選びます。なぜなら、この時期にどれだけやったか、そしてそれがどれだけ身についたのかということが、受験生活全体の方向性を決める指標であるからです。

この時期にしっかりと取り組めば７月以降は発展的な内容に進めますが、６月になっても基礎が不安定な人は７月以降に発展問題に直面したときに頭を抱えることになってしまい、また基礎からやり直す必要が出てきてしまいます。最終的に受験会場において両者の差は大きく開いており、その差が合否となってしまうのです。ですから、私はこの４～６月に１回全精力を使い果たすぐらいの力量で取り組むべきだと思います。

◎7～9月

現役生であれば夏休み、浪人生は授業が一度終わって長期休暇に入ります。多くの受験生が夏休みに一つギアを上げて頑張り始めますが、大事なことはきちんと計画を立てて、その通り実行することです。計画を立てることのメリットは２つあります。

一つはモチベーションが維持できることです。夏休みは長く、その期間勉強を継続するには体力面はもちろん、精神の安定も欠かせません。計画をしっかり立てれば、１日ごとに達成感が得られるため、モチベーションを保つことができます。

もう一つは、ペースメーカーの役割です。第一に、夏休み当初に立てる目標というのは大抵の場合、達成できません。なぜなら大抵の人が大きすぎる目標を立ててしまうからです。実際に私の周りの人も、うまくいった人で目標の９割、多くの人が７割くらいしか達成できていませんでした。ですから、初めから計画通りにはいかないということを前提にしておくべきだと思います。

だからと言って計画は意味がないということはありません。計画を立てることによって、自分がどれだけ計画から遅れているのかがわかり、それを夏休み後に補うことができるのです。そのため計画を立てて、多少遅れていても慌てずに淡々と1ヵ月半やり続けましょう。

◎10～12月

この時期は模試が続くため、どうしても結果に一喜一憂してしまい、なかなか腰を据えて勉強に取り組むことができないと思います。だからこそ、4月から続けてきた基礎の勉強をおろそかにしないことが大事です。模試も基礎に抜けがないかを確認するために使うべきです。

◎直前期

この時期になっても基礎の復習は継続すべきですが、やはり早慶大志望の皆さんにとって一番大事なのは過去問演習です。

早慶大は同じ大学であっても学部ごとに大きく傾向が異なります。したがって対策も学部ごとに立てなければなりません。ですから赤本を解いて採点して一喜一憂するのではなく、解説等を見ながら自分の答案に向き合って復習し、大学(学部)がどういう出題をしているのか分析をしましょう。

◆試験本番実況中継

私は2週間弱をホテルで過ごし、10の入試を受けました。4連続で入試が続く期間もあり、かなりハードでした。今思えば、あまりスケジュールを考えずに受けたいものを受けたいだけ受けてしまったと反省しています。皆さんはなるべく余裕のある入試日程を組むようにしましょう。また連続受験は3つまでにしましょう。

入試当日はあまり緊張しませんでした。赤本を解くときや模試のときなどに入試本番にガチガチになることを想定して取り組んでいたことが、活きたのだと思います。とは言っても、解いているうちにわからない問題や新傾向の問題に出会うと軽いパニック状態になることがあります。

実際、私が受けた多くの入試で前年より難化しており、早稲田大学の政経の世界史の入試中には、隣の席に座っていた人が開始20分くらいで解答を放棄して、放心状態になっていたことを覚えています。

私も早稲田大学法学部の英語の入試で1回だけパニックに陥りました。私の場合は、選択肢のうち3つが同じにしか見えず、パニックになっていました。その時に私は一度筆記用具を置いて、1分間試験官や黒板を見て気分転換に努めました。結果的には、悩んだ問題は間違っていましたが、あとの問題でしっかりカバーできていました。

また一つ覚えておくべきこととしては、早慶大の入試では解けた実感があまりないということです。実際、私が合格した入試でも、3教科ともうまくいった入試など一つもありませんでした。むしろ現役のときの不合格だった入試のほうが、解けた実感があったくらいです。ですから、できなかったなーと思う入試があっても、すぐに気持ちを切り替えることが大事です。

私は早慶大の初めの合格発表を、帰りの新幹線を待っている間に東京駅で確認しました。合格の2文字を見たときは思ったよりも冷静でした。そこまでのイメージトレーニングもやっていたからかもしれません。

◆私の科目別勉強法

◎英語

早慶大入試を突破するために一番大事であると言っても過言ではないのが英語長文です。実際の入試でも英語が一番大きな配点を占めており、その中でも長文が最大の配点を持っている（塾講師による情報）ので、英語長文の正答率が合否の分かれ道であるとも言えます。

そんな大事な長文問題ですが、長文問題演習を積み重ねれば成績が上がるわけではありません。というのも、長文問題は読解だけで構成されているわけではなく、他にも文法や作文力、また英文解釈といった「英語力」に関わるすべての要素によって構成されているからです。ですから、長文を解くテクニックばかりに固執するのではなく、根源となる「英語力」を高めることが大事です。

次にその英語力を構成する諸々の要素ごとについて話していきます。

まずは単語・熟語に関してです。なんと言っても単語・熟語は英文を読むにあたっての基礎であり、特に早慶レベルの英文は語彙レベルが高いため、より一層の単語学習が求められます。

私は現役時に『**英単語ターゲット1900**』（旺文社）と『**単語王2202**』（オー・メソッド出版）を9月頃までに終わらせ、その後『**英検準1級でる順パス単**』（旺文社）『**話題別英単語リンガメタリカ**』（Z会）『**解体英熟語**』（Z会）の3つを試験直前までやりこんでいました。

浪人時は、現役時にかなり単語学習をしたこともあって、7月まで『**鉄緑会東大英単語熟語　鉄壁**』（KADOKAWA）をやりこみそれ以降はほとんど単語教材は開かず、問題を解く中で出てきたわからない単語を自作の単語カードに記して覚えるというやり方を取っていました。

単語の覚え方については人によってバラつきがあるため、自分に最適なやり方を早めに見つけられることが大事です。

参考程度に私が実践した方法を紹介しますと、まず1周目は英単語を発音して、その後に意味も声に出して言う作業を行います。この時は覚えることは意識せず、忘れるのが当たり前という意識でどんどん進めましょう。なにより全ページに目を通すことが大事です。

2周目以降は進めるスピードを落として覚えることに集中します。意識としては、1周目でやって忘れた単語を2周目で「思い出す」、4周目に覚えたはずなのに忘れてしまった単語を、5周目で完璧に「思い出して」覚えるといった感じです。思い出すという感動を意識することによって、より印象に残って頭に残りやすくなると思います。

次に文法についてです。多くの人が文法書をなんとなく進めているだけだと思いますが、私はその過程で「どうしてそうなるのか」ということを考えることが大事だと思います。そうすることで、ただの暗記ではなく構造についての理解が深まり、早慶やその他の難関大で出題される受験生の裏をかくような問題にも対応できると思うからです。

次に英文解釈についてです。河合塾では英文解釈という名のついた授業があり、東大などで出題された下線部和訳問題及びその文章全体を構造や内容、また背景知識なども身につけながらじっくりと取り組みます。一見すると私達のような早慶大志願者にとってはあまり意味がなく、非効率であるように思えるかもしれませんが、実際は全く逆です。

私自身、入試本番になって体感したことですが、私大で選択肢が与えられている入試であっても、選択肢を頼りにすることはほとんどなく、正答できるか否かはどれだけ本文を正しく深く理解できているかにかかっています。究極を言えば、東大や京大のように和訳や英訳を出題する大学と早慶のようにマークシート中心の出題形式を取る大学のどちらも、求めている能力は同じく「英語力」であるということです。ですから、一つの文章に対して和訳という手段を用いつつも、深く取り組む時間は我々私大志望者にも必要であると言えます。

以上のような、「単語力」「文法力」「英文解釈力」、そして英作文力も加えた諸々の力をバランスよく向上させていくことが、英語の成績を向上させる近道であると私は思います。その手始めとして品詞分解を強くオススメします。かなり初歩的なことに思えますが本当にできている人は少なく、長文を読み進めていくために非常に役立つので、ぜひ実践してみてください。

◎国語

まず現代文についてですが、現代文は一人ではなかなか勉強しづらく、多少これまで育ってきた言語環境によって能力に差がついてしまいがちである故に、体系的な勉強を放棄しがちですが、正しいアプローチの仕方を習得し他科目と同様に覚えるべきことを覚えれば、確実に成績は上がると思います。

また慶應義塾大学志望者は現代文をおろそかにしがちですが、前述のとおり、英語の試験では最終的には文章としてどれだけ理解しているのかが問われるため、必ず現代文力が必要になります。

実際に私が実践したことを紹介すると、まず継続して漢字や四字熟語などの知識系に取り組みました。文章に対しては必ず講義の前に予習をします。私は一つの文章にかける予復習の割合は、予習7：3復習だと思っています。それくらい予習が大事です。

特に予習では、自分の解答の根拠を紙面に書いておきました。そうすることで間違っていたときに、どこでどう考えてしまって間違えたのかがよくわかるようになります。

◎古文・漢文

この2科目では単語や文法、重要句形を覚えて実際に問題を解くということを繰り返すことが大事ですが、私はそれに加えて塾の講師が作った授業プリントにいろいろ書き込みをして、あとから何回も音読しました。

これは古文・漢文だけに限らず、全科目で音読、もしくはブツブツ重要事項を声に出して復習していました。声に出すことによって、耳からも情報が得られて記憶に残りやすいのは言うまでもなく、声に出すためには認識していなければならないので、復習中に重要事項を見落としてしまうということも防げます。

◎歴史（世界史）

私は高校3年間理系に所属しており浪人して初めて世界史を始めたので、当初とても不安で、世界史をなんとかしないと合格には難しいと覚悟を決めていました。最終的には世界史が得点源になるまでに力をつけることができました。

私がやっていた勉強法は、塾の講師にもらったプリントをひたすら音読し、プリントごと覚えてしまう方法です。私の世界史の先生のプリントは時代順で書かれていたので、キーとなるような出来事（カールの戴冠800年、ビザンツ帝国滅亡1453年など）のみ年号まで覚えて、他の出来事はキーとの位置関係で覚えていました。

早慶大の世界史では細かい年号まで問われたり、超マニアックな事柄が問われたりしますが、大事なのはそのような問題をいかに見極めて潔く捨て、教科書レベルもしくはやや難レベルの問題の正解を積み重ねるかということにあります。

実際私も、難化したと言われる今年の慶應義塾大学法学部の世界史では、全体の3割は捨て結果的には6割となりました。もちろん解いているときは3問に1問捨てていたので不安でしたが、残った7割に自信を持てていたのでしっかり最後までそのスタイルを貫くことができました。

◎小論文

最後に小論文ですが、まず小論文も入試科目であるということに念を押したいと思います。というのも、SFCを除いた学部では小論文の配点は小さく、また小論文は自分の考えを書くものだという誤解から、勉強のしようがないと思われがちだからです。

しかし小論文も入試科目であるため、受験生がどう考えているかに優劣などつけられず、ある程度何を答えるべきかというものは存在します（塾講師の見解）。そのため私は塾で行う慶應義塾大学の過去問に取り組み添削された答案の復習をしました。それと同時に毎授業配られる解答例と優秀答案をスマホで写真を撮り、暇なときに覚えて類似の問題が出てきたら頭の中から引用してくる感じで取り組みました。実際本番でも同じやり方で解くことができました。

★不安に駆られても淡々と勉強を続ける

長々と成功談を書いてきましたが、私も合格通知を見るまでとても不安でしたし、それはどんな受験生にも言えることです。

大事なことは、不安に駆られても淡々と勉強を続けることです。そのために私は勉強以外でも目標を立てました。それは「実現できる人間になる」というものです。

私事ですが、高校3年間所属していた野球部では一度もベンチ入りを果たせず、挽回を誓った受験でも同級生の野球部員の中で私だけ浪人するという悲劇を味わい、尋常ではないほどの悔しさの中で浪人生活を始めました。

だからこそ、受験を通して自分の人生を変えてやろうと思いました。長い人生、受験ほど人生を賭けて本気で取り組めることも、そう多くはないと思います。早慶大を受ける皆さんは本気で一年やって合格を掴んでください。応援しています。

◎模試成績推移　※すべて河合塾の模試です。

		英語	国語	社会（世界史B）	
現役（理系）	第3回記述模試	53.5	59.3	未受験	
	2019センター試験	171	170	未受験	
浪人（文転）	第1回マーク模試	162	120	70	

第1回記述模試	60.5	70.3	54.8	
第2回マーク模試	177	162	94	
第2回記述模試	69.3	70.3	62.3	
第3回マーク模試	182	165	87	
第3回記述模試	78.5	55.4	65.4	
センタープレテスト	181	163	78	
早慶大オープン	58.0	56.5	47.9	小論文58.8
2020センター試験	182	173	89	

志望校判定は、♯3記述で慶大はすべてA判定だが他の模試の平均を取ると、早大はD慶大はCくらいでした。ただ早慶大では模試の判定はあまり当てにならないので、MARCHの併願校の判定を気にするべきです。ここでA判定が継続して取れたので、滑り止めとして位置づけることができました。

※記述模試は偏差値を、センター試験とマーク模試は得点を書いています。

第２章

仮面、劣等生、中だるみからの大逆転

早稲田大学　法学部

【併願校】早大文（○）・文化構想（×）・政経（×）・商（×）立教大法（○）
立命館大国際関係（セ○）関西大政策創造（セ○）

〝停学級〟処分を受けた劣等生からの早稲田合格！

秋山　龍　開智高校（埼玉・私立）現役

★染み付いたサボり癖

「23」、これは私が中学生のときにいただいた平均内申点です。当時私は宿題をせず授業もろくに聞かない、いわば、典型的な劣等生でした。通知表の「関心・意欲・態度」の欄は当然の如く最低評価のC評価。試験の成績も190人近くいる学年の中で90～100位でした。

そんな劣等生でありながらも、私は高校受験期に早稲田大学本庄高等学院（早稲田大学の附属校）への進学を志望しました。志望動機は至って単純で、早稲田大学という有名大学に、大学受験をせずにらくしてエスカレーター式で入学できると考えたからです。

入塾した進学塾では毎日問題を解く詰め込みの勉強法を続け、成績はやや上がりました。しかし、長いこと勉強をサボり、極めて安直な志望動機でモチベーションもあまり高くなかった私は、多少成績を伸ばしたところで埼玉県内トップの偏差値を誇る早稲田本庄には当然受かりませんでした。

そこで私は、滑り止めで合格した開智高校に入学しました。

開智高校は「埼玉私立四天王（通称：開栄淑川《かいえいしゅくせん》）」の一角を担う県内有数の進学校で、浦和高校やそれこそ早稲田本庄などの大学附属校の滑り止め校として、関東圏で一定の人気を誇っていました。ただし、入試自体は難易度が高くなく、私が入学したときの入試倍率は1.1倍でした。

それでも、高校受験開始時に偏差値40台だった私は、この高校に合格しただけで満足していました。そのため、当初周囲の雰囲気に合わせて「東大目指すと言っておけば、早慶なんて余裕だろう」という軽い気持ちで、高校１年目を送っていました。

クラスの中での私の成績順位は下から５本の指に入っていましたし、生活ははっきり言って自堕落そのものでした。部活動には参加せず、もちろん自主的に勉強していたわけでもなく、はたまた予備校に通っていたわけでもありませんでした。成績は悪くても、県内有数の進学校に在籍しているという慢心が、受験に対する根拠のない自信を生み、元来のサボり癖に拍車を掛けていました。

これを読んでおられる受験生の中で、特に進学校に通っている方は、同じような気持ちを心のどこかに抱いている方が多いのではないのでしょうか。なんやかんや、早慶あたりは受かるだろう、と。

私もそう思っていました。

★まずは授業を聞く〝フリ〟から

少し私が変わるきっかけとなったのが、高１の終わりに悪ふざけの度が過ぎて〝停学相当〟の厳しい指導を受けてしまったことです。この事件に際して、それまでの私の生活態度のみならず学習態度までもが問題視され、処分保留状態で私の行動が先生方に監督されることになりました。常に「次はない」、すなわち退学の可能性を背後に忍ばせながら、高校生活を送らねばならなくなったのです。

さすがに危機感を覚えた私は、ひとまず授業だけでも真面目に聞いている〝フリ〟をしようと考えました。普段は慣れていない、先生への相槌やノート取りをやってみたのです。1ヶ月以上このようなことを続けていると、次第に授業の内容に対して「ふーん」と思える程度になりました。

授業を受ける〝フリ〟をする時間を退屈に思っていた私は、暇つぶしに授業を〝聞く〟ことを無意識的に始めていたからです。そこから授業に入り込めるようになるには、そう時間はかかりませんでした。それは、私が受けた学校の授業が私に合っていたからかもしれません。授業を聞いているうちに知的好奇心が掻き立てられていったのです。「あー、今までここがわかんなかったらからその先もわからなかったのか」、という気づきを得ることができたのです。それから、授業で先生が教えてくださった学習上のポイントさえしっかりと押さえるだけで、いくらかの問題は解くことができると気づき、クラス内の成績順位は真ん中くらいを維持できる程度になりました。

今これを読んでいる高校生の皆さんの中で、なかなか自分では勉強に手をつけることができないという方は、まず、授業を聞く〝フリ〟からでもいいので、授業に向き合ってみてください。それが学校の授業でも塾や予備校の授業でも構いません。自分が合うと思った授業を聞く〝フリ〟をするだけでも、次第に学習の在り方は変わってくると思います。

★志望動機は後付けでいい

さて、高2の3学期になってくると本格的に志望校を選ばなければならなくなりました。私の視野には当然早稲田大学がありましたが、これといった志望動機はありませんでした。状況が高校受験とあまり変わらない気がしたので、私は新たに動機付けを試みました。そこで付けた動機が「早稲田はメディア業界と政界に強いから」です。

私が将来何をしたいかと考えたときに、漠然と脳裏に浮かんだ仕事が新聞を書くことでした。早稲田はメディア業界に多くの人材を輩出し、政界への人脈も大変広いです。ひとまず私の将来の道をジャーナリスト志望で考えたとき、メディア業界と政界との結びつきが強いからという理由で早稲田を選ぶことは、れっきとした志望動機になり得ると考えました。

後付けの理由では動機として不純ではないかと思われるでしょうが、最初からこれといった動機がなかった私にとっては、何であれ具体的な行動理由を用意したことで受験のモチベーションを維持できた節があります。

受験生読者の皆さんの中でも「これだ」といった志望動機を持って早慶を志望している方はそれほど多くないと思います。もちろん、最初から動機ありきで大学選びすることに越したことはありませんが、そうでなければこういう後付け動機をもってモチベーションを維持することがあってもいいと思います。

★高3受験期勉強法

ここからは、高3に入ってからの勉強を季節順で追っていきます。

高2までは高3の受験期に入ったらよーい、ドンで受験勉強を始めるというイメージが強かった私ですが、実際に高3に上がった春当初での受験勉強は高2までの勉強の延長線上のような感覚が強かったです。しかし、私は少しでも何かをやり始めないといけないと思い、基礎レベルの英単語と古文単語の再確認の時間を作りました。

そこで私は驚いたことに、多くの基礎が抜け落ちていることを発見したのです。それもそのはず、いくら高2あたりから授業を聞くことを始めても、それ以前の勉強はまったくできていなかったのです。しかも、高2の時期にやや成績が上がったことで、自分はもう既に基礎ができているという錯覚を起こしてしまってもいました。

基礎ができていなかったという自分の現実に恐れ慄いた私は、高3の春にもなって、ずっと高1レベルの英単語や古文単語の復習を回し続けました。逆に言えば、高3の春時点では受験生らしく大学の赤本を解くことは一切せず、基礎の総復習と学校の授業で行っていた国立式の記述問題対策を延々とやっていました。そのため、春時点での自習時間は平日1.5時間、休日4時間でよいくらいでした。

余談ですが、国立の記述は意外と基礎的な知識を聞いてきます。そのため基礎勉強と並行して国立式の記述対策を行うことは、それが基礎の焼き直しになって非常に効率が良かったです。基礎から始めることは受験勉強の良い足がかりにもなりました。

また、この時期は友人とよくカラオケにも行っていました。これは最終的に受験結果が良かったから言えることなのですが、高３の受験期になっても適度に友人とカラオケやボーリングなどに行って受験勉強のガス抜きをすることが、長い受験勉強でストレスを溜めない秘訣になると思います。

夏休みに入ると、学校で本格的な志望校別の対策授業が始まりました。対策授業とは言っても、先生がかなり昔の過去問を引っ張ってきて、それを我々が解いた後に先生が問題解説をするという、どちらかというと問題傾向に慣れる意図が大きい授業です。それが夏休み中（お盆休みを除く）ほぼ毎日開講していたので、私は学校に通うことで常に勉強の上に身を置くことができました。

国立向けの記述対策もこの時点でやめ、完全な早稲田志望としての勉強を進めていきました。時期としてはちょうど良かったと思っています。それから、英語や世界史の単語、用語のレベルを少しずつ上げていったのも夏休みの時期でした。

秋以降には、赤本を解き始め、いよいよ受験生らしくなってきました。勉強時間も、平日は学校の時間を合わせれば12時間近くになっていたと思います。この時期から友人との話題のほとんどが受験に関連するものとなっていましたが、勉強のネタを面白おかしく会話に挟み込むなどという余裕がありました。今思えば、こういう友人たちとの和やかな雰囲気作りが受験後半の精神戦で有利に働いたと思います。

12月の半ば、センター試験のちょうど1ヶ月前からセンター試験対策を進め、センター試験が終わった頃には、一旦離れていた早稲田対策に頭を戻すためにひたすら過去問を解きました。

★三つの早稲田必勝ポイント

ここでは私が思う三つの早稲田必勝法を紹介したいと思います。

一つ目は、1教科でもいいから武器になる得意科目を持つことです。

よく、英国社の3科目すべてが満遍なく最低合格ラインにさえ届いていればいいと言いますが、私は英国社の中でも少なくとも1科目はとびっきりできる武器科目があったほうがより安心できると思います。

その理由の一つが、どこの私大も行っているとまことしやかに囁かれている「得点調整、成績標準化」です。これは大学が科目ごとの平均点の差を調整し点数比較を公平化することですが、早い話偏差値法によって我々の点数が変更されるので、実際の自分の得点（素点）が合格最低点に届いていても落ちることがあるということです。

そうすると、極めている1科目で他の受験生より高い点数を取れば偏差値換算したときに、それが圧倒的な大差になり得るのです。実際に、私は世界史を武器科目として極め、他の2科目は最低合格ライン周辺に泳がせるという作戦で目標点数を設定しました。他２科目がやや失敗気味でも圧倒的に周りと差をつけている世界史で、その分を補うということができたのです。

二つ目は、学部を乱れ打ちすることです。

受験を実際に経験した方はわかると思いますが、相当な天才でない限り、学力がある程度の領域にたどり着いた後でモノをいうのは精神力と運です。特に早稲田の入試はその難易度と倍率故に運ゲーと言っても過言ではありません。その運の確率を少しでも上げるために、早稲田の学部は乱れ打ちしたほうがいいです。数打てば当たるとはよく言いますが、まさにその通りなのです。私の場合は、５学部を受験してうち２学部に合格できました。私の周囲の早稲田合格者も５学部や６学部受験していた人が多かったです。

しかし、他学部受験はやはり対策や日程連続諸々を負担に思う人がいるかもしれません。そこで必要なのが、少しでも受験負担を減らすために併願学部を工夫することです。例えば、問題傾向がほとんど同じ文学部と文化構想学部とを併願することです。この両学部は片方の学部の対策さえしていれば、もう片方の学部対策も同時にできたことになります。また、連続日程にならないように、うまく日程管理をしながら併願学部を決めることも一つの工夫です。私は５学部受験したにも関わらず、連続日程になっていたのは政治経済学部と商学部とのたった１回だけです。

ここだけの話、早稲田では他学部で使った問題や文章に酷似した出題をしばしばしています。それ故に、多くの学部の対策を立てて併願して受験することは、入試で既視感のある問題が出てきたときに大変有利になります。

三つ目は、一般受験の併願大学は少なめにすることです。

早稲田は学部を乱れ打ちしたほうがいいと言いましたが、早稲田以外の大学をたくさん併願することはより大きい負担になります。というのも、早稲田は前述の通り、他学部で使った問題の使い回しのような傾向がしばしば見られるため多く併願することの負担に見合ったメリットがあると思いますが、他大学の場合、出題形式が根本的に異なり早稲田とは別に対策を立てねばならず、負担が激増するからです。

それでもどうしても現役で大学に進学したいという人は、他大学にも多く併願しておきたいという気持ちになるでしょう。

理想的なのは、MARCHの穴場学部を受験のウォーミングアップも兼ねて1個か2個受験することです。私も浪人は絶対に回避したかった身でしたが、早稲田以外で一般入試を受験した私大は立教大学法学部（立教大学の穴場と言われている学部）の1つだけでした。早稲田受験でオススメしない併願校は、高倍率のMARCH上位学部や全学部共通入試、近年難易度と倍率が跳ね上がっている成成明学、早稲田受験者としては対策のモチベーションがあまり湧かない日東駒専です。

留意してほしいことが、早稲田志望だからと言って併願校の対策を立てない受験生は、どんな大学でも落ちるということです。一般受験をする場合は、必ずその大学学部の過去問研究は怠らないことが懸命です。

一人暮らしをするゆとりがある人は関関同立（特に関西大学、立命館大学）を併願することはオススメです（関関同立は関東圏でも受験会場を設けています）。また、関関同立はＭＡＲＣＨよりもセンター利用受験の穴場が多くあるので、いくつかセンター利用を出願しておくこともオススメします。

◆私の科目別勉強法

◎英語

受験において、英語は肝心かなめの教科です。英語を制するものは受験を制する、逆に言えば英語を苦手としていれば受験は絶望的と言っていいほどです。ですから英語を武器科目としている人はほとんど怖いもの知らずです。

早慶の英語は、単語レベルは通常の大学受験レベルを超越、英文はしばしば抽象的で非常に難解、分量が多く時間が足りない、問題の選択肢は時間をかけても切りきれないなどと難点をあげればキリがありません。それに立ち向かっていくという覚悟が必要です。その上で早慶英語を攻略する鍵は、どんなに意味がわからない文章や問題であっても焦らず諦めずに根気強く解き切ること、この一点であると私は思います。

【単語】

前述していますが受験期に入った当初で私が最初に着手したことは、基礎レベルの既習英単語を徹底定着させることでした。

具体的には『**速読英単語　必修編**』（Z会）をただひたすら反復し続けるという勉強をしていました。続いて夏休みの段階で上級レベルの単語習得に着手しようと思い、『**速読英単語　上級編**』（Z会）を使用し始めました。これは、大学の過去問と並行して時間をかけてじっくりと暗記を進めていったので、完全に1冊終わらせるのに4ヶ月をかけました。

英単語を定着させる上で、私がポイントとすることは語源から遡って覚えることです。

例えば、"inspire"「鼓舞する」という単語だったら、"in"（中に）＋"spire"（吹き込む ex:"perspire"「発汗する」）というようなことを単語帳に書き込むのです。これは、単語のイメージを定着させ他の同源語も関連させて覚えることができる効率の良い方法です。一部の単語帳には完全に語源がまとめられているものもありますが、私はインターネットや『**英語語義イメージ辞典**』（大修館書店）などを駆使して自分で調べました。こういう自分で語源を調べることも単語の定着に役立ったと思います。

ただ、どんなに単語を暗記しても早慶英語ではまったく知り得ない単語が出てきます。それ故に、普段からわからない単語は文脈から類推することを心がけることも重要となります。

英熟語に関しては『**解体英熟語　改訂第2版［ブック型］**』（Z会）を使用しました。

【文法】

私は英語の中でとりわけ文法が苦手であったので、入試問題における文法問題の比重が大きい大学学部（例：早大社会科学部、人間科学部）を避けて受験計画を立てました。法学部の問題にも文法問題はありましたが、比重が大きくないことと難易度が異常に高いことからその問題は捨てていました。それでも、センター試験では英文法は必須であり、英作文や並び替え問題でも最低限の文法は知っておく必要があります。

そこで、基礎英文法学習にはよく使われている鉄板書『**英文法・語法 Vintage 3rd Edition**』（いいずな書店）を使いました。センターレベルの英文法はこの本１冊で十二分と言っていいと思います。

【長文】

今更言うまでもないことですが、英文は毎日欠かさず触れることが重要です。私は高３の受験期に入ってからは、どんなに勉強しないような日であっても英文に必ず１回は目を通すことを心がけました。

例えば、高３の１学期には毎日の15分の電車登校時間に「**LissN**」（提供元：日本経済新聞）というアプリを使用して、英語版日経新聞の短い記事を読むようにしていましたし、２学期には学校の英語授業で使用していた『**Change the World [Advanced] 入試完成編 Second Edition**』（いいずな書店）の予習熟読で英文に触れる時間を確保しました。勉強時間のほとんどを大学の過去問やセンター試験対策問題に充てていた冬以降も、合間の時間を縫って『**速読英単語 上級編**』（Ｚ会）に収録されている短めの英文を、何回も繰り返し熟読するようにしていました。

また、過去問を解く上でも解く科目に迷ったら英語を解くようにしていましたし、早稲田の英語に疲れたときは立教の英語を解くというように、基本的に英語浸りになるように勉強時間を使っていたのです。さらに、受験の直前期には難解な英文の要点を限られた時間内で把握する力を養うために、『TIME』や『The Economist』といった英字雑誌の一説を目を流すようにして読むという訓練もしていました。

【読解方法】

余談になりますが、ここでは私が早稲田大学法学部の長文問題を解く上でポイントとしていた所を紹介したいと思います。

早稲田法の英語長文問題は、段落ごとの要旨を選択する問題と細かい内容一致問題とでできています。そのため、英文をマクロの視点とミクロの視点との双方から眺めなければならないとよく言われており、他の学部と比べても問題難易度は最も高いと囁かれています。

ただ、私はその問題構成を逆手にとって長文読解を試みていました。まず、段落要旨選択問題の選択肢を熟読し、文章のあらかたの論旨を把握します。必要だと感じたら選択肢の横に選択肢要旨を日本語で書き込んで、その選択肢と照らし合わせながら次に本文をザッと読んでいきます。このように最初にあらかたの論旨を確認し文展開を予想しながら読むことで、本文の内容が頭に入ってきやすくなり黙読する速度も上がります。

最後に細かな内容一致問題を解きます。私はこの読解手順を遵守することを心がけることで、英語長文の得点率をある程度安定させることができました。

今法学部において私が心がけたポイントを話しましたが、このように独自で傾向を研究し自分で解きやすい手順を見つけることが、迅速に英語長文を読解するコツになると思います。結局、英語長文は最終的に戦略ゲームになるのです。

◎国語

国語は英国社の3科目の中でブレが大きく、特に現代文は私が最も苦手とする科目でした。そこで私は、国語学習は中でも安定しやすい古典と漢文への学習に力を注ぐことで国語全体の均衡を保とうとし、実際にその甲斐あって本番では国語からの失点を抑えることができたものだと思っています。そういった点で国語の鍵は古漢であると言っても過言ではありません。

【古漢】

古漢の勉強は私の学校の先生が大変優秀でわかりやすい授業をしてくれましたので、基本的に学校の授業中心で自習学習はその予習復習を行うだけでした。使用教材も学校で使っていた**『読んで見て覚える重要古文単語315』**（桐原書店）くらいでした。

ただ、授業の古文だけでは物足りないという方がいれば、**『つながる・まとまる古文単語500PLUS』**（いいずな書店）を隅から隅まで暗記することをオススメします。これは近年稀に見る古典の良書で、古文単語の他に細かな古典常識や豆知識まで丁寧に収録されている代物です。これ1冊を丸暗記するだけで古典の成績は爆上がりすると思います。

漢文に関しては、『漢文法基礎　本当にわかる漢文入門』（講談社）をオススメしておきます。この本は文庫本なので、出かける際に持ち歩いて合間合間に読むことができます。

私が授業で教わった古漢問題を解く上でのポイントは、まず問題のリード文、注釈、設問から捻り出せる情報を捻り出してから本文を読み始めて、読みながらその文章のジャンルに合わせた要所を押さえていくことです。例えば、小説だったら人物とその心情表現、紀行文だったら場所の移動とそれに伴う書き手の心情変化などを押さえるのです。

もう一つ古漢学習において心がけたことは、できるだけ古漢に毎日触れることです。結局は英語と同じなのですが、古漢も語学なのです。つまり、使わなければ忘れてしまうのです。

【現代文】

国語は古漢が鍵と言いましたが、だからと言って現代文に手をつけないわけにはいかないと思い、自分なりに点数を安定させる読み方の模索をしました。そこで私は『現代文読解力の開発講座』（駿台文庫）を参考に、「つまり」などの接続語や「である。」「に違いない。」などの語気が強い文末表現の文に線を引き記述材料としたり、全体の文構造を把握し、それを根拠に問題の選択肢を選別したりする方法を取り読解を試みたことで、多少現代文の得点が安定するようになりました。

また、『生きる　現代文キーワード』（駿台文庫）を就寝前に読むことで、古典常識ならぬ〝現代文常識〟を習得しようとしました。〝現代文常識〟に関しては軽視している人が多い印象ですが、甘く見ないほうがいいです。

◎世界史

前述しましたが、私は世界史を武器科目にしていました。はっきり言うと、勉強していない時間は四六時中世界史のことを考えていました。

例えば、英語や国語の学習に疲れて、自宅のソファーでボーッとしている時間は、頭の中で世界史用語を回してはそれを自分の中で説明し、「オルホン碑文ってなんだっけ？」とわからない世界史用語がふと頭に思い浮かんだら、その場でスマホを取り出しては調べるようにしていました。世界史選択の皆さんは「オルホン碑文」を説明することはできますか？　もし説明できないようであるならば、わからないままにせず今すぐ調べてください。また、関連する情報は、大学入試に絶対に出ないだろうという細かい所まで、余すことなく頭に入れるように心がけていました。

センター試験は日本史も受験していたので世界史を日本史と関連付けたり、場合によっては友人から倫理・政治経済の教科書を借りて新たな情報を付け加えたりもしました。つまりは、大学が出してくるいわゆる「100点阻止問題」まで取りに行く心がけでいたのです。実際に私が合格した学部の世界史の自己採点は９割５分を超えていましたし、８割を切っていた学部については不合格でした。

そんな私が世界史を得意科目としようと思ったときに集中的に勉強したのが中国史です。中国史は世界史の横つながりを考える上で基軸となる歴史軸で、正直、世界史は中国史だけでも成立すると言っても過言ではありません。今現在世界史が苦手だと感じる受験生は、中国史だけを集中的に学習してみてください。

また、東南アジア史や東欧史、戦後史などといった、一般的に現役受験生が苦手とする分野は世界史が得意な者や浪人生に圧倒的に差をつけられてしまうところとなります。自分が苦手と感じる分野であればあるほど、専門家級になるまで調べて習得してください。

世界史についてオススメの教材はありませんが、**「世界史の窓」**(https://www.y-history.net)というインターネットサイトは大変オススメできます。暇があれば見るようにしてください。『一問一答』は応用力がつかないためオススメしません。

★何が起こるかわからない

最後になりますが、私は現役時代一度も早稲田の模試判定でE判定より上の判定を取ったことがありませんでした。しかし、私の周辺の早稲田合格者も多くは同じ状況でした。私を含めて合格者の中で共通して言えることは、長年の早稲田への憧憬とどんなことがあっても動じない忍耐力とを持ち合せていたことです。

受験本番を迎えると、おそらく想像以上にシビアな現実を突きつけられ、最終的には受験会場に足を運ぶことすら億劫になることがあると思います。そこで、きちんと受験会場に行き、最後の号令がかかるまで集中できたか否かが極限における合否の境目になるかと思います。

最後まで自分の可能性を信じて合格を勝ち取ってきてください。

また、もし受験に落ちてもそれは運とその大学との相性が悪かっただけです。自分の可能性を悲観せず、むしろ合格した別の大学の良い所を探してそれを認めることができれば、存外自分の進路も悪くないと思えるようになりますし、それでも気に食わなければ後からいくらでも変えることができます。

皆さんの幸運をお祈りいたします。

慶應義塾大学　法学部

【併願校】慶應大文（×）早大文化構想（○）・社会（○）・文（×）・教育（×）・商（×）明治大政経（○）・文（○）立教大法（○）法政大文（○）

慶應現役合格、中高一貫中だるみからの脱却

市原雄真　開智高校（埼玉・私立）現役

私は私立文系最難関である慶應大学の法学部に現役で合格することができましたが、中学生時代は落ちこぼれていました。どん底の成績から合格を勝ち取るまでの道のりを、できるだけ皆様にお伝えしたいと思います。

★受験校を決定するまで

中学受験を経て私立の中堅中高一貫校に入学しました。入学して早々のテストで比較的良い成績を取ったため、安心しきってしまったのです。その結果、勉強をサボり、みるみる成績は下がってしまいました。元々苦手だった理科や数学では赤点を連発し、何度も補習に呼ばれることとなりました。テスト前ですらあまり勉強せず、徹夜してゲームばかりしていたので当然のことでした。

しかし、私の中学では高1に進級する際に学力別コースに分かれることになっていたので、このままではダメだと思い、中3の間は頑張って勉強しました。その結果、上位クラスに入ることができ、勉強に対するモチベーションは上がっていきました。

ところが、文系科目は得意だったにもかかわらず、理数科目は苦手なままでした。そこで先生に相談したところ、私立文系ならば理数科目を使わずに受験ができることを教えていただき、私立文系を目指すことにしました。行きたい学部はあまりなく、とにかく早慶に行こうと考えていたため、日程が許す限り早慶を受験することに決めました。そこでとりあえず偏差値が一番高い、慶應大学法学部を第一志望にしたのです。

★受験計画の指針

高1までは定期テスト対策の勉強中心でやっていたので、志望校が決まってからは計画的に勉強をするようにしました。

スタートダッシュはなんといっても基礎を固めることが重要です。高3になってからは問題演習をすることが多くなるため、それまでにいかに基礎を徹底させられているかが現役合格のポイントになります。

英語で言うと単語帳1冊と文法書を1冊完璧にしましょう。現代文は我流ではなく、適切な解法を身につけ、古文は古典文法、古文単語を覚えること。世界史は通史を学校の授業で習った範囲までを完璧にすることが大切です。

★受験計画の立て方

計画を立てて勉強するのは苦手でしたが、効率よく勉強するためには必要だと思いました。

私は、大雑把に1カ月単位でやる予定の参考書を紙に書き出しました。その後にどの参考書を何ページまで終わらせるか、具体的な内容を週の計画表にまとめ上げました。計画を立ててももちろんやりきれない箇所は出てくるので、そのたびに微調整を加えて予定を修正していきました。

また、Studyplusというアプリを使い勉強時間を視覚化して管理しました。自分と同じ志の人達とつながることができるのでモチベーションも上がり、いい刺激になりました。

◆合格を決めた私の勉強法

私立文系入試は英語の得点の比重が非常に重いので、英語ができなければどこも受からないと言っても過言ではありません。そのため、私は一番時間をかけて重点的に勉強しました。やった参考書の量は多いと思うかもしれませんが、いろいろ試行錯誤をしながらやっていくのが合っていました。

また高2の3学期から、英語だけ河合塾を利用することに決めました。河合塾は大手予備校だけあって膨大な入試情報を基にテキストが精選されているので質が高く、講師の方は早慶大入試を熟知していたので、ためになる話ばかりでとても勉強になりました。

◎英語

文法は英語を勉強する上で基本となるものなので、１学期中には終わらせました。使った参考書は『Vintage』（いいずな書店）、『全解説頻出英文法・語法問題1000』（桐原書店）です。慶應法学部や早稲田社学では正誤問題が出題されるので『スーパー講義英文法・語法正誤問題』（河合出版）をやりました。

また、慶應法学部の特性上、単語を多く知っていれば解ける問題が多いので、語彙力を増やすように心がけました。単語帳は『システム英単語』（駿台文庫）、『話題別英単語リンガメタリカ』（Z会）、『でる順パス単英検準１級』（旺文社）『文で覚える単熟語』（旺文社）、『でる順パス単英検1級』（旺文社）を使いました。英検1級の単語帳はオーバーワークではないかという意見もあると思いますが、英検で使われる単語は入試でもよく出てくるので、覚えておくと役に立ちます。

慶應法学部は難度の高い語彙力を要する上に帰国子女が多数受けてくるため彼らにはなじみがある表現でも私たちにとって当たり前ではなく、大きな差をつけられてしまいます。彼らとの差を埋めるためにも語彙力を鍛えることは重要で、大半の帰国子女ではない受験生よりも優位に立つことができます。

ただし、世界史が固まっていない場合はそちらを優先させましょう。自分の学習進捗状況に合わせて学習をするのが効果的です。『リンガメタリカ』は単語暗記もできますが、長文がたくさん掲載されているので、背景知識の習得にもなります。

また早慶の英語の特徴として、短い時間で大量の英文を読まないといけないので精読が不可欠です。そのために使用した参考書は、**『入門英文解釈の技術70』**（桐原書店）、**『基礎英文解釈の技術100』**（桐原書店）、**『ポレポレ英文読解プロセス50』**（代々木ライブラリー）です。これらの参考書は構文の解説が詳しく書かれていて、音読を併用することで英語のまま読む練習になります。

構文を取れるようになったら長文の読み方を勉強しました。単語を目で追っていくことが長文読解ではなく、要点を的確に押さえて全体の主張をとらえる力が必要です。そこで使ったのが**『パラグラフリーディングのストラテジー①読み方・解き方編』、『②実践編私立大対策』**（河合出版）です。

最後に、私大入試の要となる長文読解です。音読をして英語を勉強する習慣がついていたので、なるべくCDがついていて構文解説が詳しい、音読をするのに適した問題集を買いました。使った参考書は**『大学入試英語長文ハイパートレーニングレベル2、3』**（桐原書店）、**『登木健司難関大英語長文講義の実況中継』**（語学春秋社）です。会話問題対策には**『英会話問題のトレーニング』**（Z会出版）、発音・アクセント問題対策に**『頻度順音でおぼえる発音・アクセント』**（旺文社）を使用しました。

◎現代文

現代文は成績が伸びるのに最も時間がかかる科目なので、早めの対策が肝心です。

まず国語力といわれるものは、漢字・語彙力・読解力の三つの柱で成り立っています。読解力があっても語彙の知識がなければ問題を解くことができません。ですが、漢字と語彙力は覚えることで補うことができます。私は『**入試漢字マスター一八〇〇＋**』(河合出版)と『**読解を深める現代文単語〈評論・小説〉**』(桐原書店)を使って、基本的な語彙と背景知識の拡充をしました。

読解力は基本的に、問題演習をこなしていく中でつけ、論理的に筋道立てて文章を読む力を養いました。使用した参考書は、『**田村のやさしく語る現代文**』(代々木ライブラリー)、『**現代文読解力の開発講座**』(駿台文庫)、『**入試現代文へのアクセス基本編・発展編**』(河合出版)です。

◎古文

古文において必要となるのは基礎的な単語と文法の知識、古文常識です。大昔の日本の文化や習慣は現在のものとは大きく異なるので、正確な読解には古文常識がとても重要になります。最悪、文章が読めなくてもストーリーの展開が頭に入っていることで問題が解けたりもします。

また、入試で頻出の作品はマンガなどでよいので、あらかじめストーリーを知っておくことを強くお勧めします。特に早稲田で頻出の源氏物語のストーリーを押さえるのには『**あさきゆめみし**』(講談社)がわかりやすいのでお勧めです。

知識をつけたらセンター試験の過去問や、私大の過去問演習を通じて覚えたことをアウトプットしていきましょう。

参考書は、『**読んで見て覚える重要古文単語315**』(桐原書店)、『**富井の古典文法をはじめから**

ていねいに』（東進ブックス）、『富井の古文読解をはじめからていねいに』（東新ブックス）を活用して、演習問題はセンター試験の過去問で確保しました。受験の直前期からは、文学史の知識を『SPEED攻略10日間国語文学史』（Z会）で補いました。

◎漢文

漢文は漢字だけで構成されているので苦手意識を持つ方が多いと思いますが、誰でも短期間で高得点を狙えるコスパが非常にいい科目です。それは暗記科目でありながら必要とされる暗記量が多くないからです。

基本的な句法や重要語句を『漢文早覚え速答法』（学研）で身につけた後は、ひたすらセンター試験の過去問を解いてアウトプット中心の勉強をしていきました。

◎小論文

小論文は慶應大学を目指す上で必要になる、他の大学にはない珍しい科目です。また、あまり点差がつきにくい科目だといわれています。そのため対策にあまり時間をかけずに試験に臨む人が多いと思いますが、全くの無対策は危険です。差がつきにくいのは明確な答えが存在しない意見論述の部分であって、要約の設問では含めなければいけない箇所が決まっているので、ここで勝負の明暗が分かれてしまいます。

確かに経済学部については比較的配点が低くなっていますが、法学部や文学部においては小論文が全体の配点に占める割合は大きいです。

また、一人で学習するのがとても難しい科目です。そのため、私は河合塾の慶應小論文対策の長期休み講座を活用しました。小論文のプロに添削してもらい、試行錯誤しながらも自分なりに書き直していくことが大事です。時間がない現役生は、要約の設問だけを何年分も遡ってやるのも非常に効果的だと思います。くわえて参考書で小論文のネタを吸収するのもよいでしょう。

使用した参考書は**『小論文これだけ！ 法・政治・経済編、法深掘り編、人文・情報・教育編』**（東洋経済新報社）、**『小論文の教科書』**（エール出版社）、**『小論文技術習得講義』**（エール出版社）、**『小論文はセンスじゃない！〜②慶應文・法学部×20年分小論文過去問解説〜』**（エール出版社）。

◎世界史

私は世界史選択だったので、世界史について紹介したいと思います。

現役生は英語の勉強が中心となってしまうのであまり地歴に割く時間がないと思いますが、夏休みまでに通史を1周終わらせておくのが理想です。

世界史は暗記科目ではないという声もありますが、それは専門家の話であって入試で高得点を取るためには死にものぐるいで暗記する必要があります。しかし、ただ暗記するといっても単語単体で覚えていくよりも、一連のストーリーで捉えながら覚えていくと記憶にも定着しやすいです。

いきなり『一問一答』を使うのはお勧めしません。最初に教科書や講義系の参考書を使って、歴史を流れで追っていきましょう。出来事の流れが頭に入ったら『一問一答』やその他の参考書で細かい知識を詰めていくのが良いです。

使った参考書は教科書（東京書籍）、『30日完成スピードマスター世界史問題集』（山川出版社）、『世界史一問一答』（東進ブックス）、『元祖世界史の年代暗記法』（旺文社）、『世界史用語集』（山川出版社）、『NEW STAGE世界史詳覧』（浜島書店）、『ナビゲーター世界史B1〜4』（山川出版社）です。

★スランプの克服法

多くの受験生が陥りがちなのがスランプだと思います。私は、まず成績が思うようにならないことに悲観的にならないようにしました。

点数が取れないことに焦ってやみくもに問題を解き続けるのではなく、問題が解けない原因を見つけることが肝心です。受験勉強は本番で点を取れればいいのであって、本番までの演習では正解したかどうかよりも自分の弱点を見つけ、補強していくのが目的です。古い参考書に遡ってみたりして、できるという感覚を取り戻しましょう。

★息抜きは大切

今までまじめなことを書いてきましたが、実際の自分はあまり真面目なほうではなかったので、受験中に疲れてYouTubeやテレビを見たりして息抜きをすることが多々ありました。しかし、逆に休息を取ることで良い気分転換になったので、結果的には良かったと思います。

また、どうしても受験勉強に気が乗らないときは、志望校のパンフレットを眺めて絶対に受かるぞという気持ちを忘れないようにモチベーションの維持に努めました。

★ベストな併願パターン

模試で良い判定を取っているからと言って、志願する大学を絞り込むのはお勧めしません。実際、私はA判定を連発している学部を複数落としてしまいました。

早慶受験者の中には複数学部を併願する人も多いと思います。試験日程が３日や４日続くと人の集中力は落ちてしまうので、自分の体力と相談して会場近くのホテルに宿泊するなどして万全の状態で試験に備えるといいでしょう。

★過去問について

入試問題対策で一番大事なことは、過去問研究です。早慶と一口に言っても、学部ごとに記述が多めなのか全問マークシート形式なのかが全く異なってきます。特に早慶内の多くの学部を併願する方は、それだけ過去問を解く際の負担が大きくなってしまうので、少し注意が必要です。早慶レベルになると対策の有無が合否を分けるといってもいいほどで、偏差値上では上の学部には受かったが、その学部の偏差値より低い学部には落ちるといった事例が多くあります。

また、過去問を実力がついてから解こうというのは、やめたほうがいいと思います。過去問の正答率を気にすることなく傾向確認の意味で一度解いてみるといいです。

私は、夏休み最終日に第一志望校の英語の過去問を解きましたが、正答率は3割程度でした。当時出来がよくなかったことに相当落ち込みましたが、今取れなくても本番取れればいいんだという気持ちで立ち直りました。出来不出来に惑わされずに、自分の現状確認と何が自分に足りていないかをしっかり見極めることが大切です。本格的に過去問を解き始めたのは10月頃からです。なるべく休日の時間が取れる日に、3科目すべてを問いた後に平日はその復習に充てるという生活を続けました。滑り止めの過去問は年明けから解き始めました。

出願をたくさんする方は、できるだけ早めに過去問演習を始めるといいでしょう。

◆試験本番実況中継

センター試験が終わった後にインフルエンザに感染してしまいました。私大入試直前にかかってしまったことで、とても焦りました。予防接種が効いたのか軽度だったので良かったです。どうしてもかかってしまうことはありますが、手洗いうがいは欠かさずにしましょう。

また、早慶の受験生はとても多いので、電車が込みます。私は早めに家を出て朝一で大学に向かいました。人が少ないうちに行くことで不安も和らぐと思います。会場に到着してからはお気に入りの英語長文を黙読して、英語脳に切り替えられるようにしました。さらに、音楽を聴いてリラックスすることを心掛けました。

本番は思ったよりも落ち着いて試験に臨むことができました。緊張して委縮すると普段の実力が発揮できなくなってしまうので、落ち着きが肝心です。

◎最後に　これから受験を控える皆様は恐らく不安なことでいっぱいだと思います。自分自身も振り返ってみてそうでしたし、たいてい周りの人もそうなのであまり深く考えなくても大丈夫です。友人や先生等と話して不安を解消しましょう。１年間は長いようで短いので、後悔のないよう妥協せずに頑張りましょう。皆様の努力が報われるように応援しています。

◎模試成績表					
	英語	国語／小論文	世界史	総合	判定 慶法／文構
高２全統マーク模試	65.0	66.3	72.8	68.0	D／D
第１回全統マーク模試	68.2	68.6	75.2	70.7	C／B
第２回全統マーク模試	67.9	65.8	71.5	68.4	D／C
進研マーク模試	71.4	68.4	77.9	78.1	D／C
第２回全統高２模試	70.9	61.7		66.3	D／D
第３回全統高２模試	67.4	62.7		65.1	D／D
全統高２記述模試	63.4	67.5	76.0	69.0	D／C
第１回全統記述模試	62.7	58.4	78.1	66.4	D／D
第２回全統記述模試	64.0	59.9	72.7	65.5	E／E
第３回全統記述模試	74.9	63.7	74.9	71.2	B／B
早大入試プレ 文化構想学部型	53.5	54.7	69.3	61.7	C
慶大入試プレ 法学部法律学科型	44.4	49.4	65.3	51.4	E
早慶オープン 慶應法学部法律学科型	58.8	58.9	78.2	67.8	A

【併願校】慶應大文（○）・環境情報（○補）上智大文（○）・法（○）・外国語（○補）中央大経（○）青学大経（○）立教大経（×）

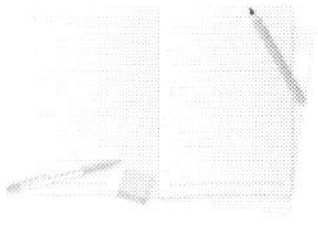

効率性×継続力で仮面浪人からの逆転合格

伊藤滉基　小牧高校（愛知・県立）一浪

★仮面浪人という選択

私は慶應義塾大学に一浪（仮面浪人）の末、合格しました。しかし、３年前は慶應と聞くと私の生活からは程遠く生涯無縁に決まっているがとても輝いて、エリートが集まるような所なんだろうというイメージしかありませんでした。なぜ、私が慶應に入れたのか、どのように合格できたのか振り返ってみたいと思います。

私は一般的な家庭の生まれです。中学では内申で考えるとオール３に満たない成績を取り続けており、高校もそれ相応の高校（偏差値40程度）に進学しました。当然そのような高校では、大学受験を志す生徒もおらず、受験とは無縁の存在でした。しかし、私が受験をすると決めたのは高３の春でした。やりたいことも定まらず、進路も決まらなかったため、大学受験をして視野を広げるという考えに至ったのです。

私の性格上、やるからにはテッペンのような部分があったため、周りの嘲笑を浴びながらも志望校は慶應義塾大学に設定していました。当然、これまで勉強をしたことのない私はどのように勉強をしていいかもわからず、はじめは非常に効率の悪い勉強をしていました。例えば、受験科目をよく把握していなかったことから、ほとんどすべての科目を満遍なく勉強していました。慶應大学の入試科目から考えると明らかに効率が悪く、今すぐその時の自分に教えてあげたいです。

このような失敗を踏まえて、これを読んでいる2021年の受験生は、勉強を始める前に必ず入試関連の知識をつけて、自分の辿るべき道筋を明確化してから勉強を始めてほしいと思います。特に現役生や非進学校の生徒に関しては効率性が鍵になってくると思われるので尚更です。

そうして迎えた、現役時の受験ですがはっきり言って大失敗でした。正直、高いお金を出して受験させてくれた親に申し訳なさすら感じました。しかし、そもそも浪人などといった習慣は受験に馴染みのない自分にとって考え難いことではあったので、唯一合格できた地元の私立大学である南山大学への進学を決定しました。この時の私の考えとしては、なんとなく頭の片隅に編入という言葉があったので、とりあえず不本意ではあるが入学してしまい、転学を考えればいいやという甘い気持ちでした。

ここで私は、また同じ失敗をしています。目標までの道筋を明確化できていないまま実行しているのです。編入の方法、可能性、メリットなど全く無知の状態でなんとなく編入しようとしていたのです。結論だけを述べると、提携校であるなどの特別な条件がない限り、編入はかなりハードルが高く、費用に関してある程度目を瞑ることができれば、再受験したほうが圧倒的に実現可能性が高いと理解しました。浪人を考える際、皆さんもこの辺りはしっかり調べたほうがいいかと思います。

三度目の正直という言葉はよく聞くものですが、これ以上時間の関係からも失敗は許されないと身をもって感じた私は、綿密に合格までの計画を練った結果、大学を休学して仮面浪人することを決定しました。

★英・世・小論文勉強法

そして私は再受験を決意し、大学を休学しました。しかし、一度は失敗した大学受験。同じようにやっていては同じ結果がついてくるだろうと考え、自分を慶應まで導いてくれる何かを探すことから始めました。そして私は書店で『小論文はセンスじゃない！』という本を手に取り、読んだ結果、低コストと添削回数に魅了されて毎日学習会への入塾を決めました。この時は、正直、たかが１日10分で何が変わるのだろうと考えており、結果が出なければすぐにやめようと考えていました。しかし、この塾との出会いが私の大学受験における一番の転機で、最終的に慶應義塾大学合格への道を作ってくれたのは間違いなく毎日学習会でした。私は夏前頃から入塾しましたが、特に英語と小論文とモチベーションの面に関してお世話になりました。

英語に関しては、最終地点をＳＦＣの英語が読めるようになることと定めた上での教材の選択は非常に助かり、講師の小川さんも受験英語を知り尽くしている方だったので適切な指導を受けられました。その結果、夏の終わり頃には目に見える英語の実力を手にすることができました。第1回全統マーク模試で私の英語の成績は偏差値では50後半程度しかありませんでしたが、夏の終わりには記述模試での偏差値は70を超え、TOEICでも845点を獲得し、自分でも驚愕するほど英語の成績を伸ばすことができました。

私はこの結果に対して、英語に関する技術的な指導はもちろん、カウンセリングのような形で相談に乗っていただけたメンタル的な指導もかなり助かったと感じています。そのおかげで、自分の辿るべき道筋が本当に正しいのか不安になったときも、修正や確認をしてもらうことで、効率的な受験勉強ができたと感じています。

小論文に関しては、これまで最後に文章を書いた記憶が中学生の反省文で止まっていたので、本当に何をするべきなのかわかりませんでした。しかし、毎日学習会は「慶應義塾の小論文が書けるようになる」というゴールに対して、明確な道筋を用意してくださったので、私はただそれに沿って時間を使い、頭と手を動かすだけでした。具体的な話をすると5ステップスというメソッドが与えられました。詳細に関しては、『小論文はセンスじゃない!』という本を読んでいただきたいのですが、5ステップスを意識して小論文を書くことで、たとえ異質な問題に出会おうと決してペンが止まることなどありませんでした。

私は、予備校の小論文講習にも通いましたが非常に高価格で数回の授業しか受けられず、慶應に特化したものでもなかったため大きな効果は得られませんでした。それに比べ毎日学習会は、指導法も確立されており現役慶應生なども在籍し、非常に慶應に特化したと言える小論文指導を低価格と高い質をもって提供してくれました。夏終わりにあった慶大オープン模試でも、かなりの成果を残すことができたので一般入試に自信を持って挑めました。また本番では、今年はどんな問題が来るのかというワクワク感すらありました。

世界史に関しては、完全に独学をした科目ですが個人的にかなりの得意科目だと思っています。また、参考書に関しては2種類しか使っていません。**『ナビゲーター世界史』**(山川出版社)と**『一問一答』**(東進ブックス)のみです。私は時間短縮のために情報の一元化をすることで効率化を図っていました。『ナビゲーター』は通史に関してはかなりわかりやすく記述されていて、センターレベルならなんの問題もない参考書ですが、早慶レベルになってくると単純な知識量の面で物足りなさが出てきます。そこで、早慶レベルの単語まで記述されている東進の『一問一答』と併用することで知識を補いました。

しかし、2冊の参考書を行き来するのは何か効率が悪いと感じた私は、『ナビゲーター』に載っていない知識を『一問一答』から引っ張ってきて直接書き込むことで、『ナビゲーター』を読むだけで『一問一答』の知識もカバーできる状態を作りました。つまり、情報を『ナビゲーター』に一元化したのです。そうすることにより、かなり慣れてきた入試直前あたりには、1週間で世界史の全範囲をさらうことが可能になり、結果としてセンター試験ではほとんど満点を取ることができましたし、慶應や上智の世界史でも7～8割をコンスタントに取れるようになりました。

以上が、仮面浪人を通しての私の学習内容ですが、よく「浪人しても成績は伸びない」という言葉を聞くので模試の成績の推移も記述してみたいと思います。

現役	第3回マーク模試	英語　126/200	国語　189/200	世界史　78/100
浪人	第1回マーク模試	英語　140/200	国語　142/200	世界史　97/100
	第3回マーク模試	英語　189/200	国語　166/200	世界史　100/100
	センター試験プレ	英語　200/200	国語　153/200	世界史　100/100
	センター試験本試	英語　189/200	国語　147/200	世界史　97/100

この結果と私の経験を踏まえると、「浪人しても伸びない」というのは正しくないと感じます。「浪人しても頑張れば伸びるが、ある程度伸びきってしまえばそれ以上伸ばすのは困難である」というのが正しいと感じました。浪人して受験を目指す方は、しっかり順序立てて正しい学習をすれば成績は伸びるので頑張ってください。

★私の受験プラン

最後に、前記のような過程を経て迎えた受験とそこで感じたことについてです。

最終的に受験校は、慶應義塾大学、上智大学、中央大学、青山学院大学に決めました。自分の受験プランは、合格発表の早い上智大学に２月上旬に合格して、安心して慶應の受験に挑むというものでした（ＭＡＲＣＨは上智が落ちていた場合の保険として受けていて、自分は古文の対策をしていなかったので比較的国語の軽い大学を選びました）。

結果として上智大学からは2学部の合格をもらい、自分のプラン通りに受験を進めることができました。上智大学の受験に関しては賛否両論あると思いますが、早慶より確実に難易度は落ちるがＭＡＲＣＨよりは難しいという大学なので、落ちてしまえば早慶は難しい戦いになると考えＭＡＲＣＨの過去問に力を入れるという路線変更もできます。また受かっていればＭＡＲＣＨは一切視野に入れずに、直前期の最も大切な時期に早慶の勉強に集中できるという実力を結果で把握可能な点で私はお勧めします。

また、慶應志望の受験生で、国語の学習にあまり力が入れられなかった方には、ＭＡＲＣＨの中で中央大学と青山学院大学をお勧めします。理由としては、中央大学の国語は60分で大問３題という点で時間配分がセンターに似ているため、センター試験の対策をしていればある程度対応することが可能で、青山学院大学は他のＭＡＲＣＨと比べて明らかに国語の問題が簡単であるためです。

受験結果に関しては

- 慶應　総合政策と文学部に合格　環境情報学部に補欠合格
- 上智　文学部と法学部（地球環境）に合格　外国語学部に補欠合格
- 中央　経済学部に合格
- 青学　経済学部に合格
- 立教　経済学部に不合格

となり、無事底辺高校出身の身としては逆転合格を達成することができました。

★受験とは効率性×継続力

最後に、私は受験とは効率性×継続力だと感じています。いかに効率的な勉強をどれだけ続けられたのかです。

効率性に関しては、世界史や英語に関して自分が納得いくまで探究し続けて、明らかに受験の範囲外のことにまで手を出している人をよく見かけます。学習という観点からは素晴らしいことかもしれませんが、受験とは時間が限られた戦いです。学問の追究は受験が終わり大学生になれば、否が応でも時間が多く与えられます。たとえ疑問が生じたとしても受験に受かるための効率的な勉強をするという観点からは、そういうものなんだと割り切って先に進んでしまうのがベストです。そのようなスタンスでゴールとそこに辿り着くための明確な道筋を立てられれば、効率的に学習できます。

継続力に関しては、メンタル的な要素が大きいので難しい話ではあると思いますが、私の場合は毎日学習会にとても力をもらっていたと感じています。やはり今思い返してみても、あの値段であの質の添削を毎日受けられるということは、他の学習塾と比べてもかなりコストパフォーマンスは良いと感じました（私は自分でお金を稼いで月謝を支払っていましたが、受験勉強しながらでも苦にはなりませんでした）。何よりも、毎日の授業で受ける刺激は、私のモチベーションの維持にはとても良い影響を与えてくれました。

何か自分なりにモチベーションが維持できそうな対象や刺激を受けられるものを見つけると、継続力という観点からは良いと思います。

第3章

ラストまで諦めず頑張った者だけが掴める合格

慶應義塾大学　文学部

【併願校】慶應大総合政策（○）・環境情報（×）早大社会（×）法政大社会（○）
中央大文（○）関西国際大国際コミュニケーション（○）

大学受験は人生最後のフェアな戦い―早慶狙い撃ち―

伊東甲斐　長野日本大学高校（長野・私立）一浪

★能力も学力も異なる受験生、勉強法は十人十色

私は一年の浪人生活（自宅浪人）を経て、慶應義塾大学に合格致しました。

私が一番伝えたいことは、「大学受験は人生最後のフェアな戦い」だということです。サボれば落ちますし、頑張れば合格できます。まぐれの合格も、意外な不合格もありません。このことを認めて、辛抱強く頑張ってほしいです。

これから私が慶應義塾大学に合格するまでの道のりをお話したいと思いますが、正直私は勉強法を語るのはあまり好きではありません。なぜなら勉強法には万人に共通のものなどなく、それぞれ自分に合う合わないがあるからです。私の勉強法は私の能力や性格に合った私だけの勉強法なのです。

今の時代、勉強法などはインターネットで調べればそれこそ無数に出て来ますし、東大生の勉強法といった本も多数出版されています。勉強法が万人に共通するものであれば、受験生みな東大生になれるということになってしまいます。

なにも勉強方法を聞いたり、調べたりするのが間違っていると言いたい訳ではありません。そうではなくて、様々な勉強法を試していくうちに自分に合った自分だけの勉強法を確立してほしいのです。そのためにまずはたくさんの勉強法に触れてください。そして、特定のものを盲信するのではなく、まずは自分で試してみる。上手くいかなかったらどこがダメだったのか、どこが自分に合わなかったのかを自分の頭で考えて軌道修正してみる。そういった試行錯誤の繰り返しこそが受験勉強であると私は思うのです。

かくいう私も、受験勉強を始めた当初は自分の学力レベルを考慮せずに特定の勉強法を盲信し、オススメの参考書を片っ端から集めていました。つまり、自分の頭で考えずに他人の言う通りに勉強していたのです。私が現役で合格できなかった一因は、ここにあったのではないかと受験を振り返ってみて思います。

繰り返しになりますが、勉強法は十人十色であり、個人的な能力も学力も違います。したがって、自分に合う参考書や暗記法なども異なるのです。

一応、合格体験記ですのでこれから私の大学受験や勉強法について述べていきたいと思いますが、単なるサンプルの一つだと思ってください。参考になったなと思う部分は勉強に取り入れてもらい、自分に合わないなと思う部分は無視していただいて構いません。私のこの体験記が受験生である皆さんのお役に少しでも立てましたら幸いです。

★推薦で進学した高校がすべての始まり

私は田舎のごく一般的な家庭に生まれ、近所の小学校に通いました。小学校6年間は勉強した記憶がほとんどなくいつも遊んでばかりでした。そして、そのまま受験することなく公立中学校に進学しました。

中学校では小学2年生に習い始めたサッカーに明け暮れ、勉強とは無縁の生活をしていました。学校の授業は真面目に聞いていた記憶はありますが、学校が終わるとクラブチームの練習に行き21時頃まで練習し、帰宅するのは22時頃で、家で宿題以外の勉強はしたことがありませんでした。週末は試合などで遠征することが多く、一日中家にいることは少なかったです。また、クラブチームは学校の部活とは違いテスト期間の休みなどがなかったので、テスト勉強さえもしたことがありませんでした。もちろんテストで点が取れるはずもなく、中学校の成績を見返してみたところ、5教科500点満点中270点でした。とにかく勉強よりもサッカーを優先した3年間でした。

中学3年生になり高校受験が近づいてきた頃に、ようやく勉強を始めるようになりました。人生で初めて塾に通い始めましたが、授業についていくことができずに3日で辞めました（笑）。

結局最後まで全く成績が伸びずに、学校長推薦で県内の私立高校に進学することにしました。そして、この高校に進学したことがすべての始まりでした。私はなぜか中学校の内申点が良く、特進クラスに入ることになってしまったのです（私が進学した高校は、特進クラス、進学クラスに分かれていました）。周りは勉強のできそうな人ばかりで、入学式の最中に早く卒業したいと思ったほど高校生活が不安でした（笑）。

高校でもサッカー部に入り、サッカー漬けの日々を送っていました。もちろん勉強などできるはずもなく、高校に入学して初めての定期試験の校内順位は２５０人中１６０位でした。特進クラスの人数が合計80人ほどでしたので、かなり低い順位であり、クラスメイトとの学力の差は歴然としていました。ちなみに高校1年生で受けた模試の偏差値は48でした。英語なんて65／200でした。

こんな私が勉強を頑張るようになったきっかけは、高校2年生の夏頃に怪我をしてしまい、部活を辞めざるを得なくなったときです。唯一熱中していたものがなくなり、学校が終わると家でゲームばかりしていた私は両親に説得され、学期末の定期試験で校内10位以上を目指すことになったのです。

また、私の高校では進級する際に学力に応じてクラスが再編される仕組みになっており、負けず嫌いの私は一番上のクラスに進級したいと思い、勉強を頑張るようになりました。

定期試験の結果は15位ほどでしたが、このときに、努力して成果を得ることの喜びを感じることができ、勉強を継続するようになりました。２年生最後の定期試験では学年1位にもなることができ、最上位のクラスに進級することができました。

そして、私の高校は大学へ内部進学が可能だったのですが、内部進学ではなくて大学受験をしようと決めました。どうせ目指すなら日本の私立大学の頂点を、という考えで志望校を早慶にし、高校2年生の春休みから受験勉強を始めました。

しかし、受験勉強といっても何をどのように勉強すればよいのかわからなかったので、インターネットや本で勉強法を調べることから始めました。調べていくうちに、様々な勉強法があることを知り、それらを参考にしながらまずは勉強習慣をつけようと心がけました。今までちゃんとした勉強というものをしたことがなかったので、ここが一番苦労しました。最初は1時間も椅子に座っていられないほどでした。

★受験大学全落ちの現役時代

高校3年生になり、いよいよ受験生となりました。現役生の大変なところは、授業や部活、学校行事と受験勉強の両立かと思います。

私は先ほどお話したように部活に属していなかったので、主に高校の授業との両立について述べますが、私のように私立専願者にとって入試で使わない科目の授業は、正直とても億劫に感じると思います。あまり声を大にして言えませんが、私はそのような授業のほとんどを聞かずに内職していました。もちろん褒められることではありませんが、関係のない授業をダラダラと聞いている時間がすごく無駄だと感じたので、その教科の成績を犠牲にしてでも受験勉強に時間を使おうと決心していました。ちなみに内職にオススメなのは、歴史用語や英単語などの暗記物です（笑）。

授業を聞いていないとなると定期試験がとても大変でしたが、試験前の3日間だけは定期試験の対策のみに時間を費やすと決めて、赤点だけは取らないようにとなんとか乗り越えていました。

受験勉強のほうは、平日は約7時間、休日は約12時間の勉強をコンスタントにやり、6月頃に受けた全統マーク模試の文系3教科の偏差値は62.2でした。受験勉強を始めてから成績が伸びているのか不安だったので、偏差値として目に見える形で成長を感じられたのは嬉しかったのですが、志望校判定は早慶すべてEでした。早慶のレベルの高さを改めて実感しました。

ちょうどこの頃に、私の高校では文化祭と体育祭がありました。やはり高校の一大イベントなので楽しみたい気持ちが大きいのですが、同時に受験勉強もやらなくてはいけないという葛藤がものすごくありました。

ここで大事なのはメリハリを付けることです。どちらも中途半端なのが一番よくないです。楽しむときは思い切り楽しんで、少ない時間で集中して勉強する。結局、これが最も効率的なのです。個人的に進学校になるほど文化祭に力を入れているような気がします。私もクラスの出し物などの準備に積極的に取り組みました。受験生にとっては高校最後の文化祭なので、思い切り楽しんでください。

受験の天王山と呼ばれる夏休みになりました。私は図書館などではあまり集中できるタイプではなかったので、家に引きこもって勉強していました。夏休みはまず志望校のレベルと現在の自分の学力との差を知るために、赤本を解くことから始めました。英語に関してはセンター試験レベルの長文をある程度スラスラと読めるようなレベルにはなっていたのですが、早慶の英語には手も足も出ませんでした。レベルの差に愕然としたことを今でも覚えています。

そこでもう一度、基礎の総復習をし、問題演習を増やすように心がけました。ちなみに勉強時間は1日11時間ほどやっていました。

夏休みが明け、第2回全統マーク模試を受けたのですが、結果は散々なものでした。十分勉強していた自負はあったので、かなりショックでした。そこからスランプに陥ってしまい、英文を読んでも内容が全く頭に入ってこなくなってしまいました。得意の日本史さえもなかなか成績が上がらなくなりました。いろいろと試行錯誤してみましたが、なかなか抜け出せず大変苦労したのを覚えています。

スランプの克服法はそれこそ人それぞれなので、一概に効果のあるものはわかりませんが、英語に関しては長文を読むのは一切やめ、英単語や短文暗記に勉強をシフトすることで徐々に克服していきました。

冬になり受験シーズンとなりました。この時期になるとクラスの雰囲気もがらりと変わり、一気に受験モードになります。

年も明け、いよいよセンター試験本番になりました。私は複数校にセンター利用入試での出願をしていたので、初日の文系3科目の受験をしました。こうした筆記テストでの受験というものが人生で初めてだったので、ものすごく緊張しました。結果は大失敗でした。国語は過去最低点を叩き出しました。センター利用はすべて不合格となり、食欲不振になるほど落ち込んだのを覚えています。

私はここで一般入試に気持ちを切り替えることができませんでした。センターで失敗したことでどの科目も勉強が不十分に思えて、あれもやらなきゃ、これもやらなきゃと焦り、結局どれも手がつかなくなってしまったのです。この時すでに浪人してもいいやと諦めて受験勉強から逃げてしまっていました。

私が現役合格できなかったのは、最後の最後まで諦めずに受験勉強と向き合えなかったからです。受験を終えてみて感じることですが、結局、大学合格を果たせるのは最後まで自分の弱点を克服しようと努力できる人なのです。

一般受験は滑り止めの大学を受験せず、早慶のみにしました。受験会場に到着すると、受験生の数が想像していたよりもはるかに多く圧倒されました（YouTubeに動画があるのでぜひ見てみてください）。トイレも数十分ほど並ばなければいけなかったので、参考書などを携帯する必要がありました。受験会場は緊張感に包まれ、良い雰囲気でした。

こうしてすべての受験が終了しましたが、達成感は全くありませんでした。最後までやり切れなかったことの後悔が大きかったです。

受験大学全落ちで、晴れて浪人生となりました。

★自宅浪人を選択、勉強の方向性を間違えるな

高校の卒業式も終わり浪人生活が始まりました。私はいろいろと考えて予備校に通わず自宅浪人をすることに決め、苦手な現代文は東進ハイスクールの在宅コースに、古文は学研プライムゼミに加入し映像講義を受けることにし、他の科目は参考書やＤＶＤ教材で自学自習をすることにしました。

浪人生活で大事なことは、早めに勉強習慣をつけることです。サボろうと思えばいくらでもサボれてしまいます。私は1年間の勉強スケジュールを大まかに立て、3月の中旬から勉強を開始しました。宅浪だったので特に書くこともないのですが、夏頃までは基礎の徹底を心がけ、夏からは問題演習を増やし始め、秋頃から過去問演習に取り掛かりました。ちなみに勉強時間は毎日平均して12時間ほどでした。

長時間勉強するコツは、「座って勉強しないこと」です。近年、様々な研究から長時間椅子に座っていることの身体への悪影響が明らかになっているそうです。私はスタンディングデスクを購入し、立って勉強していました。立っていると座って勉強するよりも疲れにくく、その上、集中ができ勉強がとても捗ります。一度試してみてください。

また、私はポモドーロ・テクニックという時間管理法を用いて勉強していました。集中力が長続きする時間の使い方など、調べてみるとたくさんありますので、いろいろ自分に合ったものを模索

してみてください。

浪人時の勉強で気をつけたことは、勉強の方向を間違えないことです。いくら長時間勉強しても志望校に合格するための勉強でなかったら、無意味なものになってしまいます。

早慶は学部によって問題形式が全く異なり、どの分野を重点的に勉強するかは各々変わってきますので、自分の受験する学部の問題傾向を十分に研究し、それに合わせて勉強することが大切です。

例えば、私は慶應義塾大学文学部を第一志望にしていたので、英語は和訳や英訳、要約問題を重点的に勉強し、日本史は史料問題と論述問題対策、また、小論文対策のための読書などに時間を多く割くようにしていました。

そして、現役時の反省を生かして、センター試験対策と滑り止め校の対策を十分にやるようにしました。これは実際に受験を経験してみないとわからないことですが、どこか合格校があるのかないのかではかなりメンタル的に差があります。もちろん私大専願者にとってセンター対策は、かなりの負担となるので無理にセンター試験は受ける必要はないですが、受けないのであればどこかしら合格できる大学を受験しておくべきだと私は思います。

私はセンター利用入試で合格をいただいた大学があったので、その後の受験も落ち着いて自分の力を発揮することができました。

こうしてなんとか第一志望の慶應義塾大学文学部に合格できました。

「大学受験は人生最後のフェアな戦い」

冒頭でも述べたこの言葉は、私の大学受験において最もお世話になったある先生の言葉なのですが、浪人中ずっとこの言葉を忘れずに勉強してきました。受験は辛いことの連続です。思うように成績が伸びず志望校を諦めたくなるときもあるでしょう。しかし、合格を手にできるのは最後まで諦めずに頑張った者だけです。応援しています。

◆私の科目別勉強法

◎英語

私は英語が大の苦手だったので、中学英語の復習から始めました。高校3年生になるまでに中学英語の文法と単語を頭に叩きこみ、完璧にしようと心がけて勉強しました。基礎がなければ応用などないとよく言いますが本当にその通りで、英語が苦手な方は基礎の基礎が抜けている場合が多いと思います。勇気を持って中学英語に戻ることをお勧めします。オススメの参考書は**『Mr.Evine の中学英文法を修了するドリル』**（アルク）です。

中学英語の次に私は高校英語の基礎に取り掛かりました。

ここで私は参考書選びに失敗してしまいました。英語の基礎ということで英文法に取り組もうと考えたのですが、私は英文法と言えばセンター試験の第二問で出題されていたような空欄補充の選択問題のことだと短絡的に考えて、『NextStage』（桐原書店）のような選択形式の問題集に手を出してしまったのです。

私の実体験から、英語の勉強を始めたばかりの基礎の段階でこの問題集を使用するのはお勧めしません。なぜかと言うと、英語の基礎を理解していない状態で取り組んでも、問題文を正確に読めずになんとなく解いて解答を覚えるだけになってしまう可能性があるからです。それでは問われていることは同じでも、英文が変わってしまうと解けなくなってしまうのです。実際に私も、解答だけを覚えて理解した気になっていました。当然成績は全く上がりませんでした。

そんなときに、たまたま「偏差値32の田村淳が１００日で青学一直線～学歴リベンジ～」という番組を Abema TV で見かけました。

その番組に英語講師として出演していた横山雅彦先生の英文法の講義を聞き、目からウロコがボロボロと落ちました。そして自分の勉強法は間違っていたのだと思い知りました。

特に感銘を受けたのは比較級のクジラ構文の説明です。クジラ構文は英文法の中でも特にややこしくとても苦手でした。それが本当に簡単に理解できたのです。英文法だけでなくロジカルリーディングと呼ばれる英文読解法の講義も素晴らしいものでした。

私は瞬時に先生の虜になってしまい、先生の著作である**『大学入試　横山雅彦の英語長文がロジカルに読める本』**（中経出版）を購入しました。この参考書は、不定詞とはどういった役割を果たしているものなのかと言ったように、英文読解のための英文法を基礎の基礎から学ぶことができます。また、英文法と同時に三角ロジックを用いて英文を論理的に読めるようになる、ロジカルリーディングの手法も学ぶことができます。

今現在の偏差値など関係なく全受験生にオススメできる参考書です。基礎の基礎から学べると書きましたが、英語がある程度できる方にとっても学べることがとても多いと思います。

私はこの参考書のおかげで英語の成績が飛躍的に向上しました。調べてみたところ現在絶版本となっており入手が困難かもしれませんが、ぜひ検討してみてください。

英単語帳は**『鉄緑会東大英単語熟語　鉄壁』**（ＫＡＤＯＫＡＷＡ）を主に使用していました。英単語学習法も、書いて覚える、赤シートで隠して覚えるなど様々にあります。よく書いて覚えるのは効率が悪いと言う方がいますが、そんなものは人それぞれです。これもまた自分で試行錯誤をしてください。

私は1単語にじっくり時間をかけて暗記するのが苦手だったので、1単語1秒ペースでどんどん読み進め、1時間ほどで『鉄壁』を1周していました。これを何十周も続けているうちに自然と単語を覚えていました。

私は英語の難しい慶應ＳＦＣの受験も考えていたので、鉄壁に加えて**『英語を英語で理解する英英英単語』**（ジャパンタイムズ）の上級編、超上級編の2冊を使用していました。この単語帳はかなりレベルが高いので、オーバーワークにならないように気を付けてください。

最後に実際に私が使用してオススメできる教材を紹介しておきます。

・地上最強の英文読解　横山雅彦のロジカル・リーディング全伝［ＤＶＤ］

・横山雅彦の英語長文がロジカルに読める本　客観問題の解法編　記述問題の解法編（ＫＡＤＯ

ＫＡＷＡ／中経出版）
・**英文法基礎10題ドリル**（駿台文庫）
・**難関大学突破　究める英語長文**（中経出版）
・**ポレポレ英文読解プロセス50**（代々木ライブラリー）

◎国語

【現代文】

現代文は現役時に自学自習で最も成績が伸びなかったので、浪人時は東進ハイスクール在宅コースで林修先生の現代文の講義を受けました。林先生曰く、市販で売られている現代文の演習系の参考書はどれも使い物にならないそうです（笑）。

現代文の基礎固めにはセンター試験の過去問が一番良いとおっしゃっていました。

そして現代文が苦手な方に多いのが語彙力不足です。私は語彙力の補強のために『**現代文キーワード読解**』（Ｚ会出版）を使用していました。

学部によっては漢字が多く出題されたり文学作品の問題が出題されることもありますので、各々対策は異なってきます。まずは志望学部の過去問の研究から始めてください。

【古文】

古文は学研プライムゼミに加入し、『マドンナ古文』で有名な荻野文子先生の講義を受講していました。

古文で最も大事なことは助動詞を理解し暗記することです。助動詞がわかっていなければ古文は全く読めません。まずは、助動詞の活用表を暗記することから始めてください。また、古文読解に敬語の暗記は避けて通れません。ここは腹を括って頑張るしかありません。オススメの参考書を紹介しておきますので参考にしてください。

- **マドンナ古文単語230**（学研プラス）
- **マドンナ古文**（学研プラス）
- **マドンナ古文常識217**（学研プラス）
- **古文攻略　敬語がわかれば古文は完璧！**（小径社）
- **鉄緑会東大古典問題集**（ＫＡＤＯＫＡＷＡ）

【漢文】

続いて漢文ですが、漢文は最もコスパの良い科目です。句法と漢文独特の重要単語を少し覚えるだけでかなりの点数を取ることができます。早稲田大学の過去問にもそれほど細部の知識は出てきません。まずは基本句法を覚え、あとは過去問等の演習を通して知識を身につけていけば良いと思います。１冊だけ参考書を紹介しておきます。

・漢文重要単語集（学燈社）

◎日本史

日本史の勉強で大切なのは、まずは全体の流れを正しく掴み理解することです。ですので、いきなり『一問一答』で用語を暗記しようとするのはオススメしません。

流れを理解するために使用した参考書は**『石川晶康　日本史B講義の実況中継』**（語学春秋社）です。私は教科書のような無味乾燥としたものはすぐに飽きてしまうので、絵や図が多く、ある人物のエピソードなどで少し話が逸れてしまうようなこの参考書は自分にピッタリのものでした。私はいちいち赤シートを使用して用語を暗記しながら読み進めるのが嫌いだったので、普通に読み物として何周もしました。

そして暗記のための参考書は、金谷俊一郎先生の**『日本史B一問一答』**（東進ブックス）を使用しました。この参考書は早慶受験者なら全員使用しているのではないかというほど人気なもので、受験会場で周りの受験生はみんな使用していました。過去問等で知らない用語に出会ったら、この『一問一答』にどんどん書き込み、自分だけの一問一答を作成していました。何周したかも覚えていないくらいボロボロになるほど使用しました。

日本史は暗記と同じくらいアウトプットするのが大事です。私は問題集などを使用せず、様々な大学の過去問を問題演習素材として使用していました。

史料問題や論述問題が出題される学部もありますので、自分の受験する学部の問題形式をしっかりと確認し、どこに重点を置いて勉強するのかはっきりさせることが日本史においても重要です。

◎小論文

小論文は11月頃から毎日学習会というネット家庭教師塾に入塾し、添削していただいていました。毎日学習会は名前の通り、毎日10分間、ＬＩＮＥ電話で小論文の添削、指導をしてくれる塾です。小論文の書き方もわからず、また、自宅浪人なので添削をしてくれる人がいなかった私にＬＩＮＥでの授業はとても魅力的でした。さらに、他の予備校やオンライン塾に比べ圧倒的に授業料が安かったのです。

はじめの頃は何を書いていいかわからずインターネットや模範解答を見ながら、かなりの時間をかけて書いて提出していました。入塾するまでは10分の指導は短いように感じ、不安もありましたが、塾長をはじめ、現役の慶應大生や東大出身の先生など、慶應の小論文を知り尽くした先生方から本当に質の高い添削を受けることができ、日に日に成長しているのが実感できました。ゼロから始めて3カ月の指導で、私大最難易度の小論文を出題すると言われる慶應ＳＦＣに合格できたのも質の高い添削のおかげです。

小論文は練習すればするほど上手に書けるようになります。下手でも良いのでとにかく書き続け、添削を受けることが大事です。

小論文を軽く見て対策を怠っている受験生は意外に多いものです。十分に対策すれば大きな得点源になり、他の受験生に差をつけることができます。最後に小論文対策に役立った本を数冊紹介しておきます。

・隷属への道　F・A・ハイエク（春秋社）
・選択の自由～自立社会への挑戦　ミルトン・フリードマン（日本経済新聞出版）
・資本主義と自由　ミルトン・フリードマン（日経ＢＰ）
・日経テクノロジー展望2020世界を変える100の技術（日経ＢＰ）
・日経BP総研2030展望　ビジネスを変える100のブルーオーシャン（日経ＢＰ）
・日経BP総研2030展望　ビジネスを揺るがす100のリスク（日経ＢＰ）
・これからの日本の論点2020（日本経済新聞社）

★過去問こそが最高の問題集

受験生の皆さんに知っておいてほしいのですが、過去問こそが最高の問題集なのです。『レベル別問題集』などの問題はどこかしらの大学の過去問です。自分の受験しない大学の過去問に時間を費やすのであるならば、志望大学の過去問を1年分でも多く解くべきです。かく言う私も、現役時は過去問をほとんど解かず受験に向かってしまいました。

浪人し、様々な先生の話や合格した先輩の勉強法を聞いてみると、全員口を揃えて「過去問を徹底的に研究すること」とおっしゃっていました。

現役時の反省を生かし、浪人時はフリマサイトなどで昔の過去問を集め、何十年も遡って解きました。第一志望の慶應文学部は40年分ほど解きました。最低10年分は解くべきです。それでも足りない場合は他大学の過去問をやるのも良いでしょう。実際に私も東京大学や大阪大学の和訳問題や要約問題など、同形式の問題を集め解くようにしていました。

◎模試成績

2018	第１回 全統マーク		第２回 全統マーク		第３回 全統マーク		全統センター試験 プレテスト	
	得点	偏差値	得点	偏差値	得点	偏差値	得点	偏差値
英語 (200)	156	60.9	126	56.3	163	62.9	178	64
リスニング (50)	30	48.7	24	47.5	30	49.5	40	59.1
国語 (200)	144	59.1	139	59.7	138	60.2	159	58.4
日本史 (100)	75	66.6	75	65.3	86	69.4	82	62.2
英国地公		62.2		60.4		64.2		61.5
2019	第１回 全統マーク		第２回 全統マーク		第３回 全統マーク		全統センター試験 プレテスト	
	得点	偏差値	得点	偏差値	得点	偏差値	得点	偏差値
英語 (200)	191	71.1	171	64.1	187	67.6	192	67.3
リスニング (50)	44	71.8	28	51.6	40	63.5	34	57.2
国語 (200)	151	67.7	170	66	166	65.5	153	60.9
日本史 (100)	92	75.1	86	73.4	80	67.9	79	64.7
英国地公		71.3		67.8		67		64.3

2019	第２回東進 センター試験 本番レベル模試		第３回東進 センター試験 本番レベル模試		最終センター試験 本番レベル模試	
	得点	偏差値	得点	偏差値	得点	偏差値
英語 (200)	179	68.4	171	63.2	194	65.4
リスニング (50)	38	60.7	40	59.7	40	61.3
国語 (200)	165	62.3	182	67.3	163	62.4
日本史 (100)	88	82	94	73.4	95	66.6
文系３教科		69.1		66.8		65
	全国統一 高校生テスト（６月）		全国統一 高校生テスト（10 月）		東進難関大 記述模試	
	得点	偏差値	得点	偏差値	得点	偏差値
英語 (200)	167	65.2	181	64.8	137	72
リスニング (50)	42	61	44	63.6		
国語 (200)	168	66.3	163	66.3	124	67.8
日本史 (100)	82	69.9	89	66.8	80	68
文系３教科		68.3		66.7		74

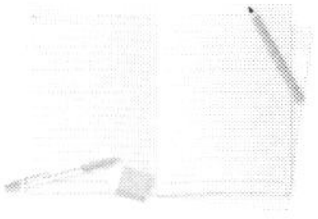

【併願校】なし

慶應大学AO入試へのチャレンジ 人生で一番密度の高い浪人一年間

R・K　基町高校（広島・市立）一浪

★現役慶應合格は失敗に終わる

私が慶應義塾大学を目指し始めたのは、高校3年生の冬でした。ちょうどセンター試験が目前に迫っているときで、慶應の試験のための勉強とセンター試験との両立がとても大変でした。

私が通っていた高校では、国公立大学を受験することを半ば強制されていたため、私立大学に絞って受験することができなかったのです。そんな中、なんとかセンター試験を終え、慶應義塾大学SFCの受験に向けて本格的に英語と小論文の勉強を始めたのですが、慶應の小論文は一筋縄ではいかず非常に苦戦しました。自分では論理的な文章を書いたつもりでも、客観的に見るとあちこちで論理破綻が起こっていたり、そもそもの焦点を当てている論点がずれていたりする場合がほとんどです。結果的に慶應の試験に大敗し、浪人することが決まりました。

★投げやりな気持からスタートしたAO入試

浪人生活がスタートしてしばらく経ち、受験失敗の屈辱から立ち直りつつあった頃、予備校とは別に通っていた小論文専門の塾の先生から、慶應大学SFCのAO入試を受験してみてはどうか？というアドバイスをいただきました。

AO入試とは、一般的に学力試験を課さず小論文や面接、諸大会での実績などを総合評価して入学の可否を決めるという入試形態です。

私は、そのアドバイスを聞いたとき、AO入試は自分には絶対的に適していないものだと思いました。私は高校時代、勉強にはそれなりに励んでいましたが、部活動やその他の活動には非常に消極的で、まったくと言って良いほど実績は持っていなかったからです。特に、AO入試の先駆けである慶應大学は、毎年インターハイ出場者や全国規模の大会、コンクールで受賞歴のある人たちが受験することが定石のようでしたので、私ごときが太刀打ちできるはずもないと諦めていました。

しかし、私が受験する翌年からセンター試験が廃止され新試験が導入されるということで、もう後がなく非常に追い詰められていました。故に、受験回数を増やすことができるならばという、ほとんど投げやりな気持ちでAO入試を受けることを決めました。長くなるので所々割愛しますが、この決断に至るまでにも少しトラブルがあり、AO入試の出願資料の作成に関しては大幅に遅れたスタートとなってしまいました。実に出願締め切り約10日前でした（笑）。

◎出願資料作り、死闘の10日間

投げやりな気持ちとは言いましたが、受験するからには全力で挑みたい性分なので、その10日間は死闘を繰り広げていました。事前のリサーチで、慶應大学ＳＦＣのＡＯ入試を受験するためにほとんどの人が1年以上前から対策をしているということを知り、その差を少しでも埋めたいと思ったからです。

もはや時間との勝負でしたので親と相談して、前述した小論文専門塾が開講しているＡＯ入試対策の夏期講習に参加することにしました。夏期講習のスケジュールとしては、10日間ほぼ一日中缶詰状態で資料を作ることでした。わからないことがあればその場におられる先生に質問して助言を請うという日々を過ごし、なんとか出願締め切りまで残り数時間というギリギリで滑り込むことができました。

◎面接準備をするも本番は手応えなし

なんとか一次審査を通過した喜びも束の間、すぐに二次試験の面接に向けて準備を始めました。こちらもまた例の小論文専門塾にお世話になりました。面接で教授陣から問われそうなことを事前に予想し、その回答を作るという形でひたすら進めました。

しかし、面接本番では、その準備していたことの半分も聞かれず終始ヒヤヒヤしていました。その上、答えにくい質問を投げかけ受験者の対応力や内面性を観られるという、いわゆる圧迫面接だったので、面接終了直後はまったく手応えを感じられず、落とされたなと心底落ち込みました。故に、合格通知が届いたときは本当に嬉しかったです。おそらく、面接官に厳しいことを言われても決して諦めまいとする姿勢を評価していただけたのかなと今は思っています。

★周囲の意見を素直に聞き自分の考え方に反映させる

浪人生活の1年間は本当に辛かったです。しかし、同時に人生で一番密度の高い期間だったと思っています。

受験生活で大切なのは、学校や塾の先生、そして親のいうことを素直に受け止めて自分の考え方に反映させることかなと思います。受験期は、誰しも多少なりともピリピリしていて意固地になってしまいがちだと思うからです。幅広い視野を持って過ごせば､思わぬチャンスを得ることができ、その後の人生が楽しくなると実感しました。

現在、入試制度の変革期のため、これから受験する方は受験勉強の手法に迷われることが多いと思いますが、最後まで諦めずに最大限の努力を積み重ねれば、おのずと合格を掴み取ることができます。ぜひ頑張ってください！

魅力あふれる早稲田大学ってこんな感じ!!

橋口　遼太郎
早稲田大学社会科学部　２年在学中

◎「受験生へメッセージ　～早稲田の学生より～」

先輩からのメッセージということでお話をいただきまして、筆を執ることとなりました。今回は「受験生時代の勉強」「大学に入学して」「学部別印象」の大きく三つに分けて紹介させていただきます。

▼受験生時代

◎現役編

高校生の頃は何も考えずに部活に打ち込んでおり、学年でも下から数えたほうが早いような定期テストの成績でした。高校３年の６月に部活を引退し、いざ受験勉強をスタートした頃には、すでに同級生との差がとてつもないものになっていました。当時受けたセンター模試の英国は、どちらも６割ほどしかなかったと記憶しています。そこから自分なりに精一杯勉強をしたつもりでしたが、目標としていた早稲田大学には届かず浪人を決めました。

現役時代を振り返ったときに反省点が二点あります。

一点目は『スタートがあまりにも遅すぎた』ということです。部活に励んでいたこともあります し、「そこそこの進学校に通っているから大丈夫だろう」という慢心が正直自分の中にありました。最後の最後で挽回できたという方もいるとは思いますが、そんな例はごく僅か。当たり前のことではありますが、少しでも早くから本格的な受験勉強を始めるに越したことはないと感じました。

ただ当時の自分がそうであったように、皆さん部活などで日々精一杯なのではと思います。そこでお勧めしたいのがスキマ時間の活用です。例えば通学の車内で行き帰り30分、単語帳を開いて見るだけでも、一年間持続できれば大きな差が出ます。やれることを少しずつ積み重ねておくことが大切です。

二点目は『こなすだけになっていた』ということです。スタートが遅かったということもあり、学習しなければならないことが山のようにあったことで、現役の頃はただ「目の前のことをやって終わり」にしてしまっていました。当然一度やっただけでその学習が身になるはずがありません。二度三度繰り返すことでしっかりと使える知識になります。皆さんには僕と同じ轍を踏まないでほしいと切に願います。焦って幅広くやっていくのではなく、少しずつでもできる範囲を増やしていくことのほうが受験勉強においては重要でした。

◎浪人編

とにかく時間がある、これが浪人生だと思います。その時間をどう活用するかが未来の自分を左右します。自分の場合は予備校の自習室を離れると勉強しなくなる人間であったので、午前中は予備校の授業を受講し、午後は閉館まで自習室に引きこもる生活をしていました。ただ、しっかりと学習をしてもひと月もたてばあやふやになってしまって当然です。現役のときの失敗を踏まえてとにかく復習を繰り返し、知識を定着させることにこだわって学習をしていました。一方で帰宅してからはテレビや読書をして過ごし、メリハリをつけるようにしました。

浪人しての受験が成功した要因の一つに、「知識量の増加」が挙げられると思います。英語の場合はまず、現役時から使用していた『システム英単語』を完璧と呼べるところまで仕上げました。その上で『リンダメタリカ』というより専門度が高い単語が掲載されているものを利用し、それにも掲載されていないもので何度も出会った単語はお手製の単語帳にまとめ、とにかく単語量を増やしました。その結果、煩雑で内容が取りにくい文章でも単語がわかることで類推できる、ということが多くなったと感じます。

浪人している以上、やっただけ伸びる知識では、絶対に他の受験生に負けないことを目指して勉強しました。

▼大学に入学して

◎早稲田大学の素晴らしいところ

この大学の良かった点は特に三つ、「様々な出会いがあるところ」「周りのレベルが高いところ」「好きな分野が確実に学べるところ」です。

「様々な出会いがある」とは具体的に言えば、スポーツに打ち込んできた人や小学校から早稲田の附属校で過ごしてきたお嬢様、電車が通っていない田舎から上京してきた人、酒とギャンブルに溺れる人、起業をする人、国家資格の取得を目指す人、そして海外からの留学生に至るまで、様々な背景を持つ人と同じクラスにいて一緒に授業を聴講するのです。

早稲田大学は日本大学に次ぐ5万人の学生が在籍しています。いろいろな人がいて多様な角度からの刺激を受けますし、自分も何か動き出したい、という衝動に駆られる環境がそこにあります。

さらにこういった人々の皆が一様に「レベルが高い」です。早稲田大学に入学することができている以上、「効率が良い」「吸収が早い」「努力を続けられる」「目上の人間に取り入るのがうまい」など何かしらの武器を持っています。そんな同級生と競い合う、高め合う環境があるのです。また現在約８０００人もの外国人留学生が在籍しており、逆に交換留学で留学する学生も多くいます。国際色豊かな点も魅力的です。

「好きな分野が学べる」のは読んで字の如くです。商学部に入学したとしても、スポーツ科学部の授業「スポーツ経済学」を聴講できますし、文学部に入学しても、政治経済学部の「国際政治学」を聴講することができます。早稲田大学の設定している、オープン科目というシステムを利用すれば、どんな学部の授業でも主要な科目は聴講することができます。10を超える学部がある早稲田大学ならではなのではないでしょうか。

◎実際に入学してみて

続いて実際に入ってみて感じた「勉強のこと」「時間のこと」「学部間格差のこと」についてお話します。

勉強は「そこまで勉強しなくても卒業はできる」ということが挙げられます。成績を気にしなければ、単位を取ることはさほど難しくないというのが正直なところで、堕落するかしっかりと学習するかは高校生の頃以上に自分次第でした。ただ「やりたくもない勉強を大学生になってする」というのは、ものすごく辛いです。受験生のときに、しっかり学部やカリキュラムについて下調べをして、入学してから勉強することを具体的に想像しておくことが肝要です。

時間は「フリーな時間が非常に多い」ということが言えます。大学の授業があるのは年間30週間、残りの22週間は春休みや夏休みになりますし、前述の通り単位を取得すること自体はそこまで難しくないので、どれほど学業に重きを置くかを自分でコントロールすることが可能です。単位をギリギリで取得してやりたいことに熱中するのも、大学の授業に打ち込むのも、バイトと酒に明け暮れるのもすべてが自分次第なのです。素晴らしい反面、恐ろしいとも言えます。

この点において私が受験生の頃にやっておくべきであった、と感じているのは「やりたいことのリストアップ」です。大学に入学してしまってからは、目先の「やりたいこと」と「やらなければならないこと」に目を奪われてしまい、かつてやりたかったことがどこかへ吹き飛んでしまうのです。やりたいことは常にアップデートされて然るべきではありますが、それでもなお当時夢見ていた姿を忘れてしまっていて残念に思います。皆さんにはぜひ、初心を忘れずに夢見た大学生活を送っていただきたいです。

学部間格差は「大学内においてはほぼない」と言えます。当然就活など広い目で見るとまた変わるかもしれませんが、少なくとも大学生として生活する中では「早稲田は早稲田」です。ただし、政治経済学部だけは一目置かれていることも無きにしも非ず、と言えるかもしれません。次項の学部紹介で詳しく触れたいと思います。

▼学部別印象

実際に早稲田大学で過ごし、入学する前には気がつかなかった各学部の雰囲気があるように感じます。ここでは学部ごとの印象やポイントをお伝えしたいと思います。理系学部は知り合いが多くなく、情報を収集できなかったので割愛させていただきます。

◎政治経済学部

天下の政経。なんだかんだどの環境でも「政経」「政経」と言われがちな気がします。真新しいエスカレーター完備の綺麗な学部棟も看板学部ならでは。

また入学して大変意外であったのは、一般受験の知り合いの方が少ないというほど内部生や指定校推薦が多いです。早稲田大学のデータによれば２０１９年度の政治経済学部入学者数は８５２人。早稲田大学高等学院の政治経済学部への進学者は１１０人。早稲田大学本庄高等学院の政治経済学部への進学者は73名。他にも早稲田実業や早稲田高校、指定校推薦がおり一般受験で政治経済学部に入る人は多くないと言えます。留学生の数も多く国際色豊かだと聞きます。

授業内容としては必修授業が多い点が挙げられ、同級生は１年次の40単位のうち34単位が必修授業で既に組まれていたそう。当然しっかりと学習が求められるようなものも多いそうで、「課題」「課題」と言っている印象です。語学以外の授業は、基本的には政治学や経済学の授業となります。

◎商学部

データの分析や経営学、マーケティングなどにおいて数学的な能力も必要とされるこの学部。高校時代に数学をやっていなかった場合は、１年生の基礎数学の授業において相当頑張る必要があるそうで、単位をボロボロ落としている知り合いが多いです。下級生は「金融」や「会計」といった必修の授業が多めです。公認会計士などの資格取得を目指している人も見かけます。また英語など語学の授業が、他学部に比べると多いことも特色です。

◎法学部

とにかく勉強をしっかりする必要がありそう。やはり法律系の授業が大半で、見せてくれたぎっしり埋まった時間割が印象的です。テスト前には「憲法暗記しなきゃ！」と条文をひたすら暗記していました。社学の授業をオープン科目という制度を利用して受講している知り合いは、「こんなにキッさが違うの」と愕然としていました。最近では附属生には法学部の大変さが伝わり、敬遠される動きがあるほどだそうです。しっかりと知識をつける必要が一段とある学問と言えるのだと思います。

【注記】附属、系属校の生徒は基本的に政経に行くことを目指し、それが叶わなかった人の多くが商学部と法学部に行くそうです。附属校の中での学部トップ3は政経、法、商だと考えられます。社学に来ている附属校の知り合いもいますが稀有な存在と感じます。

◎社会科学部

今、受験生だった頃の自分に声をかけられるならば「社学を第一志望に」と言いますし、学部を自由に選べる状況になったとしても間違いなく社学を選びます。その理由は「勉強できることの自由度が高い」ためです。「法学」「政治学」「語学」「人文科学」「経済学」「自然科学」「商学」「情報科学」と様々な分野の授業が設定されており、自分が興味を持った分野の授業を、ビュッフェのようにチョイスして受講することができるのが大変魅力的です。

例えば自分の場合「刑法」「医事法」「雇用関係法」のような法学分野の授業も受講しておりますし、「経営学」「会計学」「マーケティング」のような商学分野、「日本政治史」「日本文化論」と言った人文科学分野まで、気になった分野の授業を自由に選択できます。「浅い学習になってしまうのでは」と言われがちですが、2年生の秋から始まるゼミナールではその中で気になった分野に進めば良いので、実際に学習をしてみて専門を選ぶことができます。受験生段階ではまだどの分野が良いか決めかねている人には、特にオススメしたいです。

◎教育学部

実際に教職の授業を受講し、教員免許を取得する人は少数派かと思います。学部棟がかなり奥まった所にある上、学生はエレベーターをあまり利用できずエスカレーターの設置がない点は政経との格差を感じずにはいられませんが、実際には半分ほどの授業が社学の校舎で開講されています。国文学科や社会科と、学科が細かく分かれていることから横の繋がりが強い印象です。一方で教職の授業は文理の学生が入り混じっており、様々な見地からの考え方に触れられるそうです。

◎文学部、文化構想学部

文学部と文化構想学部の違いとしては2年生以上での学びが挙げられます。前者はコースを、後者は論系を2年生で選択し、文学部は哲学や文学、文化構想学部ではメディアや文化といったものが選択肢です。アバウトに言うならば文学部のほうが興味に対しより深く、文化構想学部がより広い見地からアプローチできるといった印象です。

またこの2学部は1年生で第2外国語を週4時間勉強することになっており、英語を含めてトリリンガルを志向できる点はかなり時代に即している学部ではないかと思います。ドラマや漫画、恋愛や死を分析する授業もあり、幅広く学べる点はかなり興味深いです。

文学部を志望したいものの、親や先生に「文学部に行って就職などはどうするんだ」と言われてしまう方もいらっしゃると思います。しかし文章を読むということ、書くということは社会人になっていく上でも非常に大切なスキルです。先述したように自分が本当に勉強したいと思ったことでないと、高等教育で勉強していくのは辛いです。しっかりと自分の学びたい学部を目指してください。

◎国際教養学部

大学2年生で絶対に留学に行くという点が大きな特色です。絶対に2年生で抜けることになるため、サークル選びで苦労したという知り合いもいました。帰国子女や留学生の数も多く、授業が英語で展開されているのも魅力的です。逆に帰国子女でない人は「純ジャパ」と呼ばれ、授業についていくのが難しいというわけではないものの、なんとなく肩身が狭く感じている人も中にはいました。個人的には、比較的髪色が明るい人や服装の目立つ知り合いが多いと感じます。留学生の雰囲気によるものでしょうか。

◎人間科学部

所沢キャンパスですが、週1回は早稲田キャンパスの授業だけを受講する日を作っている人も多いです。サークルなど基本的には所沢キャンパスで完結していることが多く、早稲田キャンパスとの関わりは少ないと言えると思います。学問分野としてはＩＴに関することから医療福祉、社会調査や家族に至るまで、幅広く先進的な授業があるように感じます。大学が公表する19年度の受験データによると、人間科学部のみ合格者の浪人率が5割を上回っています。

◎スポーツ科学部

やはり体育会に所属する生徒や、中高で本格的にスポーツに取り組んでいた人が多いです。競技を続けていないものの、国体やインターハイの出場経験があるという友人もいます。スポーツといってもテーピングやストレッチなどの実学的な授業から、栄養学やスポーツ法、スポーツ経営などの授業、実技ではサッカーから合気道まで多様なスポーツが選択可能というように、スポーツ関連の様々な授業があります。

▼第一志望合格への道は一つではない

最後に皆さんにお伝えしたいことが二点あります。

一点目は受験方式の多様化です。例えば社会科学部では全国自己推薦入試があります。この入試は地域性を重視しており、各都道府県から1名以上の合格者を出すとしています。また英語4技能試験を利用できる学部や、合格者数はわずかですが新思考入試を採用する学部、もちろん指定校推薦や前述の附属高まで、すべてを視野に入れて検討していただきたいです。一般入試だけが選択肢の時代ではないと入学して改めて感じました。

二点目、絶対に第一志望校に合格してください。早稲田大学に限らずです。自分に自信が持てます。胸を張って大学生活を送ることができます。必死に努力して、どんな手であれ第一志望を自ら掴み取る、その成功体験が何よりも大切です。受験で成功を収められれば、この先どんな苦難があろうと乗り切れるはず、そういったポジティブな力が手に入れられます。

最後まで頑張ってください。

以下データ等を引用した文献です。

・早稲田大学　２０１９年度入学試験結果

https://www.waseda.jp/inst/admission/assets/uploads/2019/07/2019_1.pdf

https://www.waseda.jp/inst/admission/assets/uploads/2019/07/2019_2.pdf

・早稲田大学　２０１９年度学部４月入学者

https://waseda.app.box.com/s/z073bf8s9fo3tvoshn6diszjpjfkqwtq

・早稲田大学高等学院　進学状況

https://www.waseda.jp/school/shs/about/enrollment/

・早稲田大学本庄高等学院　進学実績

https://waseda-honjo.jp/admission/items/docs/20190329152221.pdf

第４章

小論文対策、基本の第一歩

慶應義塾大学　環境情報学部

【併願校】慶應大総合政策（○）

「小論文全振り作戦」で小論文の徹底を図る

匿名希望　現役

★慶應義塾大学環境情報、総合政策学部W合格

私は8月から「小論文全振り作戦」でネット家庭教師・毎日学習会を利用し、情報選択で慶應義塾大学の環境情報学部と総合政策学部の両学部に合格することができました。

私は地方ということもあって、小学校・中学校・高校を通して成績はトップ層に位置していました。また、課外活動として中学校ではバドミントンを行っており、中学校から始めたながらもレギュラーとして活躍し、団体戦では県大会で2位、地区大会ではベスト8に入りました。

そして、学校の成績と課外活動の成績を利用して、特別推薦を使って地方の国立高等専門学校の電子情報系の学科に入学しました。そこでは、コンピュータの構造やプログラミングなどを中心に学んでいました。一方、高等専門学校は5年制ということもあり、大学編入ではなく普通の高校生と同じように受験をする人は毎年1人いるかいないかという割合だったので孤独な戦いでした。

私はもともと大学受験をするつもりはなく、大学編入で旧帝国大学のどこかを受験するつもりでした。高等専門学校に進学した理由も、ものづくりが小さな頃から好きだったことと大学編入は普通の大学入試と比べると合格しやすいため、難しい旧帝国大学にも自分が入学することができる可能性があると考えたからです。

しかし、高等専門学校で学ぶうちにドローンに興味が出てきた一方で、私が通っていた学校では専門の先生がいなかったので、ドローンの研究に力を入れている慶應義塾大学の環境情報学部・総合政策学部のあるＳＦＣを志望するようになりました。また、私が通っていた高等専門学校では開発に必要な数学と専門科目の授業は充実している一方、英語などの一般科目は最低限の内容だったため、ＳＦＣの入試科目が情報と小論文という２科目受験が可能であったことも受験を後押ししました。

しかし、受験を行うことを決めた一方で、私は高等専門学校に在籍していたため学校の先生や先輩で大学受験に対するノウハウを持つ人はおらず、さらに入試科目が情報と小論文と特殊だったこともありＳＦＣの一般入試に向けた対策として、インターネットでこの２つを対策することが可能な塾を探すことにしました。

そこで見つけたのが「ネット家庭教師・毎日学習会」でした。毎日学習会では毎日10分過去問などの解説やこれから何を勉強していくべきかなど、日々適切なアドバイスをもらうことができました。これはサボり癖があることに加えて、大学受験という長期間の戦いに対して毎日勉強する自信がなかった私にとって、毎日学習会の毎日授業があるという方針は向いていました。

冒頭に書いた小論文全振り作戦を実行した理由としては、単純に情報科目が得意だったからです。先程書いたように私は高等専門学校でプログラミングなどを学んでいたことに加えて、情報科目のオーソドックスな対策である基本情報技術者試験の勉強は、高校2年生のときに基本情報技術者試験を取得したためそこまで力を入れる必要がありませんでした。一方で小論文はというと、日々の生活では文章を書く機会は少なく、文章構造などの小論文についてのスキルや知識がなかったため、小論文を徹底的に対策しようと考え「小論文全振り作戦」を実行しました。

★合格を掴んだ小論文対策

次にSFCの一般入試に向けた具体的な対策として小論文では、

・SFCでは一般的に問題発見と問題解決が求められていることを、アドミッションポリシーなどを読んで理解しておく

・現在存在する日本あるいは世界における問題とその問題の原因や影響を受ける人を書き出し、問題の原因についてはその原因を引き起こした原因……と深掘りしていき、根本的な原因を解決することで問題の解決につながる解決策を考える

※問題を見つける方法として簡単なものだと、インターネットを利用して「日本　社会問題」などと検索するほかに『日経BP総研2030展望ビジネスを揺るがす100のリスク』などもお勧

め

また、生活の中だと普段使うものに対しての不便さなどを探すのも良い

・考えた解決策の吟味として、その解決策は「問題の解決に繋がりそうか」、「現実的に実現できそうか」、「どんな悪い影響が出てそれは許容範囲であるか」を考える

・政治経済の教科書を読み込んで政策系の知識をつける

・ニュースアプリのテクノロジー分野を日々眺めて実現できている技術を知ることで、近い将来にどのような技術を実現できそうか考える

・問題に対する解決策を考えるために『日経テクノロジー展望２０２０世界を変える１００の技術』や『日経ＢＰ総研２０３０展望ビジネスを変える１００のブルーオーシャン』に載っている技術や方法などに目を通しておく

・過去問演習をするときは、小論文の内容が問題文に対して漏れ無く答えられているかチェックする

・右に書いた方法である程度の知識をつけておき、毎日学習会の５ＳＴＥＰｓなどの小論文の書き方を過去問演習によって身につける

・小論文の内容は基本的に中学生や問題を知らない人が読んでも、理解できるくらいわかりやすくして書く

・結論に対して資料や数字などを用いた根拠を示す

・過去問を解いたら第三者に添削を行ってもらい、フィードバックをもらう
そのフィードバックによって表面化した自身の問題点を、次の過去問演習でも指摘されないように意識しておく
・右に書いた対策で学んだこと、考えたことを1冊のノートにまとめる

◎アドミッションポリシーを理解することから始める

アドミッションポリシーを読む理由としては、慶應義塾大学の環境情報学部と総合政策学部が入学させたい学生はどのようなものなのかを理解することができ、入試はその大学が理想とする学生を見つけるための試験なので、アドミッションポリシーを理解することで大学が求める学生像に一致していることを入試の解答、特に小論文を通して示すことができるようになるからです。

◎問題の解決策の考察と吟味

日本や世界における問題を書き出す目的は、現状として世の中にどのような問題が存在するのかを知るためです。また、これはSFCの中でも特に政策系の問題が出やすい総合政策学部に対しての対策になります。さらに、原因を深掘りしていく理由は表面的な原因を解決しても問題が解決することは少なく、問題の根本的な原因を探し解決することが問題の解決に繋がるからです。

例えば、穴の開いた桶を水で満杯にしたいとき入れる水の量を増やせば一時的には桶を満杯にす

ることができるかもしれませんが、すぐになくなってしまいます。この場合、桶に開いている穴を塞ぐことが根本的な解決だということが可能で、そうするとたとえ少量の水を入れたとしても時間が経つと桶を満杯にすることが可能になります。

そして、解決策を考えると同時にその解決策の吟味を行う必要があります。なぜなら、問題の解決に繋がらないもの、実現することができないもの、悪影響が大きいものを解決策として考えても無意味だからです。右のことに留意すると根本的な原因を解決するので問題の解決には繋がる解決策を考えられる場合が多い一方で、実現性と悪影響については問題の解決に繋がるものと比べると少し面倒です。

例えば、タイムマシンが解決策であるとした場合、現在の技術として光より速い乗り物を人間は開発することができておらず、また開発の目処も立っていないので実現性が低いと言えます。また、タイムマシンを運用する際大量の二酸化炭素を排出してしまうと仮定すると、環境に対して大きな悪影響を与えてしまうと言えます。このようにして自分が考えた解決策が、適切であるかどうかを判断して答案に書いていけば良いと思います。

◎解決策を考えるための材料

政治経済の教科書を読み込む目的は、政策系の問題が出やすい総合政策学部の問題を読んだとき何が書かれているのかを理解するためです。また、ニュースアプリのテクノロジー分野やテクノロジーについての本を読む目的としては、解決策を考えるための材料や解決策の実現性を示すために現状としてこのような技術があるので実現が不可能ではない、または近い将来に実現することが可能であることを示すことができるからです。

学部別に分類することは無意味かもしれませんが、私の感覚的にはニュースのアプリと『日経テクノロジー展望２０２０世界を変える１００の技術』は環境情報学部、『日経ＢＰ総研２０３０展望ビジネスを変える１００のブルーオーシャン』は環境情報学部・総合政策学部両方の解決策を考えるのに役立ちました。

◎第三者の添削が必要

小論文の添削をしている人のネットの記事などをいろいろ見たりしていくと、添削した小論文の内容が問題文の内容に沿ったものではない場合が多々あるというものを目にしました。確かに、環境問題を解決することができる素晴らしい解決策を示した小論文を書くことができたとしても、問題文が少子高齢化のテーマだった場合、おそらくその小論文は０点になってしまうでしょう。そのため、最低でも問題文に沿った解答を書くことを心がけてください。

毎日学習会の５ＳＴＥＰｓなど小論文の書き方を身につけるメリットとして、書き方がわからない人でも文章構成がしっかりとした小論文を書くことができ、本番で緊張したときでも書き方を問題に合わせて書くだけで解答することができるようになります。そして、中学生や問題を知らない人が読んでも理解できる文章というのは、採点するのは自分ではないため単語などに対して適宜補足を入れていくことや論理構成を適切にする必要があるため、それくらいわかりやすくしたほうが良いという意味です。

さらに、資料文や数字などを根拠にする理由は独りよがりの意見にならないためで、資料文や数字を根拠とすることで誰が見ても同じ結論に至るようになり意見の信憑性が高くなります。

また、過去問演習後に第三者に添削、フィードバックをもらう必要があります。理由は、誰でも自分の解答はこれ以上ないと感じることが多い一方、他人が読んでみるとわかりづらい場合や解決策が適切ではないと感じる場合が多いからです。

ノートにまとめる目的は、普段の学習の際に復習として使用する以外に入試直前に自分が考えた解決策を覚えたり、自分の小論文の問題点に気をつけたりするためです。

★情報科目対策法

ＳＦＣの情報科目の入試範囲は高校の情報科目となっていますが、高校の友人から聞いた授業の内容と比較するとおそらく範囲は全く異なると考えられるため、実際の入試は高校の情報科目と比べると何倍も難しいと考えられます。

そのような情報科目の具体的な対策としては、

・数学ⅠＡ、数学ⅡＢの問題を解けるようにする

・ITパスポートや基本情報技術者試験の午前の問題演習を通して、情報の基礎を身につける
・基本情報技術者試験の午後の問題演習を通して入試問題にも対応できるようにする
・知的財産権、プロバイダ責任制限法などの情報法、セキュリティの分野の勉強をする
・余裕があれば応用情報技術者試験の午後の問題演習やカルノー図などを理解する
・ある程度基本情報技術者試験・応用情報技術者試験の午後問題が解けるようになったら、過去問演習を通して自分が苦手な分野を炙り出す

数学を学ぶ必要がある理由として、情報科目にからめた数学の問題が毎年数問出題されるからです。例えば、2020の環境情報学部では、ロボットの腕の長さと角度から三角関数を用いてロボットの手の部分の座標を出すという問題が出題されました。

ITパスポートや基本情報技術者試験の午前の問題演習は、情報科目初学者の人は勉強すれば良いと思います。また、範囲としてはテクノロジのみで良いです。この部分では二進数やドメインなど、知らないと解くことができないものを中心に勉強していけば良いです。

次に基本情報技術者試験の午後の問題演習もテクノロジを解いていき、特にアルゴリズムの部分に力を入れて勉強してください。なぜなら、今のところ毎年問5の部分でアルゴリズムの問題が出題されているからです。そして、応用情報技術者試験の午後の問題演習やカルノー図などは、すべて完璧になってやることがなくなってきたら手をつけるべきです。間違っても理解していない部分

があって放置することは避けてください。

また、応用情報技術者試験の午後の問題演習はプログラミングの部分だけで十分だと思います。カルノー図は学ばなくても問題を解くことは可能ですが、複雑な論理回路の問題が出題された際簡単に論理式を導くことが可能なため、大幅な時短に繋がります。

なお、基本情報技術者試験や応用情報技術者試験の過去問題は、「過去問道場」と検索すると解説付きのサイトが出てくるのでうまく活用してください。

知的財産権や情報法、セキュリティの分野は問1で出題され、8問しかないため1問に対する点数が大きいです。また、2020年の問題では知的財産権の分野が環境情報学部と総合政策学部の両方で出題されました。知的財産権の分野は資格の勉強をはじめ、産業財産権や著作権の定義、特許の定義などを中心に勉強していけば良いと思います。情報法やセキュリティ分野は対策が難しいため、最初は基本情報技術者試験の過去問演習から知識を深めていき、残りは入試の過去問題からこの分野が出そうなどの解析をすれば良いと思います。

入試の過去問演習では、自分の苦手な範囲を自覚することを第一とする一方で、最近ではパズルのような問題が多く出題されるようになりました。そのような問題を解く際はパターンを見つけることを意識してください。なぜなら、多くのそのような問題はゴリ押しで解くことは不可能ではありませんが、大量の時間を持っていかれる場合が多いからです。また、中には何千通りも検証する必要がある問題も存在するので、現実的にゴリ押しでは解くことができない場合もあります。

◆試験本番実況中継

試験本番では、総合政策学部の情報ではいつも通りの実力を出せた一方で、小論文では時間の経過に対して自分が問題を解けていないことに焦りを感じていました。そんな時でも、最低限意識すべき毎日学習会で学んだ5STEPsと設問に則して書くことをずっと意識して書きました。

また、環境情報学部の情報では数学よりの問題が過去問よりも多く出題され自信がなかった一方で、小論文では毎日学習会の5STEPsがピッタリとハマったことにより、今までで一番にちかい小論文を書くことができたと感じました。その結果、両学部とも自信はなかったのですが無事合格することができました。

★最後に必要なのは諦めない心

大学受験は何点取ったからと言って、合格するわけではありません。大学が募集している定員の中に入り込むことができれば合格です。そのため、時には1点で合格・不合格が分かれることがあります。

そんな入試の最後に必要なことは「諦めない心」です。最後の最後で精神論になってしまい申し訳ないのですが、私自身も総合政策学部の小論文の問題を見たとき、内容が理解できず頭が真っ白になり諦めそうになりました。しかし、そこで諦めなかった結果合格することができました。今思うと、あの場面で諦めなくて良かったと思います。

受験生の皆さんもこれからの受験勉強や模試、入試本番で幾度も諦めそうになるかもしれませんが、その時は今の苦しみから逃れることと志望校に入学して華のキャンパスライフを送ることを天秤にかけて、どちらを取るか考えると頑張ろうという気持ちになれます。ぜひ志望校に合格できるように受験勉強を頑張ってください。

慶應義塾大学　環境情報学部

【併願校】京大経（○）慶應大総合政策（○）

戦略が合格の肝、慶應SFC「英語・小論文型」受験

匿名希望　京都府　私立高校　現役

★医学部受験を視野におき中高一貫から高校受験を選択

はじめに、私は現役の慶應義塾大学生です。環境情報学部に所属しています。今回、合格体験記のお話をいただき、自分の過去の環境や勉強方法を振り返りました。

私は小学校、中学校、高校と、それぞれ異なる学校に通っていました。そのため、小学校受験をはじめ、いわゆる受験と名のつくものはすべて体験しました。世間一般から見て、どの時期も進学校にあたる学校に通っていて、成績はよくも悪くも普通だったと思います。というのも、私は、その場の環境に慣れてしまうところがあったのです。緊張感が解けるからというのも理由の一つだったと思います。

それが最も顕著に現れたのが中学3年生のときでした。私の通っていた中学校は、中高一貫校だったので、本来ならそのまま高校まで進学する生徒がほとんどです。だから、中高一貫校の特徴ともいえる、「中だるみ」の真っ最中にありました。今思い返せば、その中でもずっと好成績をキープできている友人もいたのでしょうが、私は漠然と「このままではやばいな」と思っているだけでした。私の場合は、中学受験からある程度の期間を経て環境に慣れ、毎回のテストや成績において、「まあこんなものだろう」というくらいのスコアを取る方法を把握してしまっていました。成績は特筆して悪くはなかったのですが、その後の将来を考えたときに、最難関を目指すには今のままではいけないと感じました。

当時私は、将来は医学部受験をする予定だったので、尚更深刻だったのです。そこで、高校受験をし、一段階レベルアップした高校へ入学し、その新たな環境へと臨みました。一度高校に上がらないことを選択した場合、失敗しても後戻りはできないという規則があったので、学校の先生にも両親にも、はじめは止められましたが、協議を繰り返して説得することができました。思い返せば、この選択こそが今の私を形成する、大きな分岐点だったのだと思います。無事入学した高校は、全国でもとても名の知れた学校で、私と同じく医学部受験を控える生徒がたくさんいたので、彼らから刺激を受けながら私も勉強に励みました。

★高３の初夏、慶應大学を第一志望に

慶應義塾大学を志望したのは、高校３年の初夏です。たまたま動画サイトで見たひとつのビデオをきっかけに、私は慶應義塾大学湘南藤沢キャンパスを知り、調べるうちにあっという間に魅了さ

れました。そこで初めて医学部以外の選択肢が生まれ、1週間後に迫ったオープンキャンパスへの申し込みをしたのを覚えています。ですから、慶應義塾大学を第一志望と決めて本格的に志望校対策を行ったのは、さらにその後になります。

★慶應SFCへの道のり

◎英語・小論文型を選択

慶應義塾大学湘南藤沢キャンパスの一般受験科目には複数選択肢があります。英語、数学、情報、小論文からなる組み合わせです。その中で私は「英語・小論文型」を選択しました。小論文はある程度自信がありましたが、英語の実力が伴わないのではないかと当初不安でした。

◎英語対策

湘南藤沢キャンパス2学部の英語試験の場合、慶應義塾大学の一般受験英語科目の中でも超長文と呼ばれる、特に長い論文が出題されます。また、海外の学術誌や論文からの引用であることが多いため単語も専門的なもので溢れ、最後まで読み切るのに時間がかかるのです。当時私は英検準一級を所持していましたが、受験生の中には一級の保持者も多いと聞きました。

そこで私は、戦略的に勉強を進めることこそ合格への最大のキーだと考えました。そのためには、できるだけ早くから過去問を解き分析する必要があります。過去問分析の際には、配点から逆算することが何より大切です。

英語は配点の高い内容一致問題をいかに多く正解するか、減点方式の小論文はいかに減点をつけさせないかに注目しました。英語の配点は、空所補充問題と内容一致問題で3—4配点、2—6配点の二つの説がありますが、どちらにせよ内容一致問題のほうが配点が高いことはほぼ確実です。また、空所補充問題は対策をしても、どうしても初見の英単語が問われることもあるので、そこに時間をかけるのはもったいないのです。

◎小論文対策

小論文では、予備校の講習や高校の先生に添削をお願いするよりも、オンライン塾の「毎日学習会」をよく活用しました。私は元々小論文が得意でしたが、湘南藤沢キャンパスの小論文の入試問題は日本で一番難しいと言われていますから覚悟して臨みました。過去問を進める際、数ある添削の中で毎日学習会によりコミットしていったのは、講師陣の指導が最も「問題作成者の求めている受験者像に適応した添削」を行ってくれたからです。当たり前のように聞こえるかもしれませんが、これができる講師は本当に少ないのです。合格者なら共感すると思います。

予備校の小論文講座では、一般的な小論文の型を教わります。小論文を書く際に注意する大前提として「作文にならないこと」が挙げられますが、ひどいところではそれのみに添削が止まっている場合もありました。講座は2パターンに分かれ、「どの大学の問題でも同じ書き方だ」と豪語するパターンと「慶應義塾大学のうち湘南藤沢キャンパスの小論文は取り扱っていない」と受講を断られるパターンとありました。個人的には後者のほうがマシです。前者の講座にいくつか参加しましたが「そんなことはわかりきっている」と感じるものや、自分の答案を解答例に勝手に掲載されたりと、良い思いはしませんでした。

講座はたくさんありますが、その授業分の時間を割くわけで、実りのないものだとその積み重なりは膨大な時間になります。はっきり言って時間がもったいないです。だからせめて、夏季講習や冬季講習のような短期間で開講されるプログラムを選択することをお勧めします。

と、ここまで予備校の小論文講座をお勧めはできないという趣旨のお話をしましたが、小論文に苦手意識のある方や、小論文を全く解いたことがないという状況の方であれば、一度受講してみても良いのかもしれません。湘南藤沢キャンパスの小論文の問題を解く上で大前提に当たる部分の習得や、その他併願校への受験には活用できる機会があるかもしれません。

個人的に、唯一予備校が用意している湘南藤沢キャンパス向けの小論文対策で活用できたなと感じたのは、夏から秋頃に開催される「オープン模試」です。河合塾や東進など、大手予備校がそれぞれ作成しているのですが、中でも東進のものは過去問をよく分析して作られているなと感じました。実際の試験時間の中で、本番そっくりの問題用紙・解答用紙で小論文を解く経験を本番前にできるのは、感覚を把握しておくのにも役立ちました。

ちなみに、目安としてですが、私はこの頃湘南藤沢キャンパス向けの小論文対策を始めて2カ月ほど経っていました。結果はどちらも全国10位以内には入っていました。まずまずだなという印象でしたが、一度テスト形式で小論文の問題に取り組めたことで、その後の勉強計画を再設定することができましたし、合否判定を見ることで、改めて全国にこれだけ同じ場所を目指している受験生がいるのだということが実感でき、励みになりました。

私の場合は自分の身近な人に同じ場所を目指す人がいなかったことと、知り合いの先輩等もいなかったことから、この点は案外大きかったです。浪人生の方にもお勧めです。私よりも早くから、例えば高校1・2年の段階で湘南藤沢キャンパス向けの小論文対策を始めているのであれば、毎年この模試だけを受験してみたり、高校3年夏でこれを受験することを目安に勉強を進めると良いと思います。

小論文対策は「難しい」「採点基準が曖昧だから対策しても仕方ない」「点数が安定しない」などと言われがちですが、私はそんなことはないと感じています。小論文は対策すればするほど、本番で手堅く点数を稼ぎやすい、むしろ点取り科目です。

ですが、合格して、おかげさまで受験生の添削をたくさん受けるようになった今、小論文対策が間に合わない生徒が多いという現状に突き当たりました。一般科目の勉強があるからと小論文対策を冬になるまで始めていなかったり、センター試験が終わってからようやく手をつける人もいます。結果的に合格できれば良いのですが、未完成なまま臨んだことで泣きをみるのはあまりにももったいないです。

だからこそ、もしこの体験記を読んでいるあなたが、まだ小論文対策を始めていないのなら、今すぐに取り掛かることを全力でお勧めします。今高校2年生と想定しても、早すぎることはないです。大切なのは、できるだけ早く「問題作成者の求めている受験者像」を把握することなのです。これが習得できれば、毎日過去問を解くことはなくても、日々見かける政治や経済、先端技術に関わるニュースや知識の捉え方、解釈の仕方が変わります。その積み重なりが実際に小論文を書き出す際に活きてくるのです。

そして、これを踏まえて過去問対策を本番までに十分に行うことができていれば「採点基準が曖昧だから対策しても仕方ない」「点数が安定しない」ということはまずあり得ません。むしろ「問題作成者の求めている受験者像」に適合した解答を書ききることができれば、確かな手応えを感じることができるはずです。そこまで到達できれば、あとは湘南藤沢キャンパスの小論文ならではの資料数の多さとの向き合い方を自分なりに構築していき、時間内に書きたい要素をすべて解答用紙に詰め込むことができるよう、練習するのみです。

★センター試験・二次対策

私は国立も併願で受験していたので、センター試験対策や二次対策も行っていました。センター試験はどの科目も共通して出題の仕方に癖があるので、早くからその分析を行うことをお勧めします。科目数が多いので網羅的に勉強をするのは大変ですが、疲れたら科目を変えるなどして取り組んでいました。普段は二次対策をメインにして、スキマ時間を活用してセンター対策をしました。12月からは本格的にセンター対策に取り掛かりました。本番同様形式の模試や、予想問題パック等も活用していました。

勉強スタイルとしては、私の主な勉強場所はカフェか家でした。予備校にも所属していましたが、学校や予備校には友達がいて集中できなかったり、自習のほうが何かと効率が良いことから、あまり使いませんでした。初冬頃まではカフェと家との両方を拠点としながら、学校の授業や予備校の授業に出席したりしました。私の高校では3年のはじめにほとんどのカリキュラムを終えているようなスケジュールだったので、学校側が早くから二次対策やセンター対策に時間をかけてくれたことはとてもありがたかったです。冬からは完全に家にこもりました。必要な教材とインターネット環境、あとはコピー機などがあれば家は最高の勉強場所です。とにかく勉強以外にかける時間をカットしていました。

その他に私が意識して行っていたのは、食事と簡単な運動です。

これは周りからは共感してもらえないことが多いのですが、私はこれまでたくさん経験した受験の中で「眠気」との向き合いに苦労することが多かったのです。それは勉強中でも授業中でもテスト中でも言えることで、一度眠くなってしまうと一気に集中力が落ち、問題を解くスピードも低下してしまいました。実際中学受験のときには本番中に眠気がきた教科があって、それは今でもよく覚えているほどです。

そのため、絶対に失敗できない大学受験期間は、コーヒーをたくさん飲むことと糖質オフに努めました。模試のたびに母にお弁当のメニューを変えてもらい、受験当日に自分にとってベストな献立を設定できるようにしました。

運動についてはは体力を低下させないため、風邪やインフルエンザに対する免疫力向上、眠気覚まし、朝スッキリするため、等の理由から毎日簡単にですが行いました。

◆いざ試験本番、練習校、本命校

先生方から口すっぱく言われていた「冬はあっという間に過ぎる」というのは本当でした。12月に入りセンター試験対策を始めてから新年を迎えるまではあっという間です。この期間にはセンター試験対策、二次対策、SFC対策を合わせて行っていました。

新年からセンター試験までは、主にセンター試験対策に時間をかけ、その傍らで二次、SFC対策を行いました。併願で受験したセンター利用の私立の出願先の検討は、この頃に母が行ってくれていました。センター試験は2日にわたって行われます。私の場合は受験教室がほとんど高校の友達で固まっていて、いつもの教室のような気持ちで試験に臨むことができました。そのため、思っていたよりも緊張することはありませんでした。おそらく受験する生徒の多い学校の場合は同様のことが起こると思います。

センター後1、2週間経つと併願で受験する私立の受験が始まりましたが、これらは私にとって完全に練習校だったので、前日にホテルで2年分ほどの過去問に目を通すくらいで特筆した対策はしませんでした。それよりも、そのギリギリまで二次対策やＳＦＣ対策をしていました。これらの併願校の受験からＳＦＣの受験までは、二次の勉強はせずＳＦＣ対策に集中しました。

私は慶應義塾大学のうちＳＦＣの両学部を第一志望としていましたが、その他の学部は受けていないので、２日前頃から近くのホテルに移りました。前日は緊張していましたが、案外すんなりと眠れました。遅くまで復習をするよりは、心を落ち着かせてお風呂につかり、早くにベッドに入ることをお勧めします。

当日は小論文対策用に作ったメモ帳と検索用のスマートフォン、英語用の確認リストを主な勉強道具として持ち込みました。個人差があるとは思いますが、私の場合は英単語や過去問を持ち込むよりも、自分が間違えるときの癖を分析したり、時間配分の守りごと、小論文の構想の流れ等をまとめたメモ帳を見返して、心を落ち着かせるのに集中しました。ＳＦＣ受験後、確かな手応えを感じていましたが、それでもドキドキはしていましたし、まだ国立二次も残っていたので、合格発表までは気を抜かず二次対策に臨みました。国立の受験当日についてもＳＦＣのときと同様にして作成したメモ帳を持ち込みました。

★早くから過去問に触れ、分析する

繰り返しになりますが、受験においては「戦略的に勉強を進めることこそ合格への最大のキー」

です。漠然と学力、成績を上げようとする必要はありません。その代わりに、出題される問題の答えを書く必要があります。問題作成者がどのような意図でその質問をしているのか？　ということを把握できれば、合格は近いです。そのためには「早くから過去問に触れ、分析をする」ことが、とても大切です。そして、過去問においては量・質両方を大切にしてください。

私の場合はセンター試験の過去問は過去10年分ほど、ＳＦＣの過去問は１９９０年代まで遡りました。古いものだと出題形式が最近とは少し異なる場合も確かにありますが、センター試験であれば変わらず出題され続ける重要単元がありますし、ＳＦＣや二次試験の場合であればアドミッションポリシーは変わらないことが多いので、その分受験生に求める像は変わっていない可能性が高いです。初めはとにかく量をこなしてみてください。そうすれば、自然と感覚として掴めてくるものがあると思います。質にこだわるのはそれからで構いません。

★試験最後の1秒まで全力で戦い抜く

最後に、これから大学受験に臨む方へ。

大学受験勉強をする中でキツイと感じることは多いと思います。なかなか思うように勉強が進まなかったり、志望校と自分の実力のギャップに焦ったり、間に合うのか、合格できるのかと不安になることもあるでしょう。挫折しそうになることもあると思います。しかし、合格してしまえば、それらはすべて良い思い出です。自分は達成することができたのだという自信にも繋がります。今のあなたがどんな状況下にあろうと何歳であろうと、諦めることだけはせず、試験の終わる最後の1秒まで、どうか全力でやり抜いてください。それは併願校であれ、第一志望校であれ同じです。そして、合格を勝ち取ってください。

この体験記を読んでくださったすべての受験生が、ご自身の望む大学に合格できることを心から応援しています。

慶應義塾大学　環境情報学部

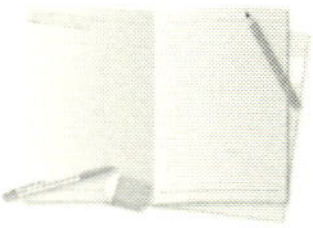

小論文は筋トレ、毎日の添削で自分の文章力を実感

【併願校】慶應大総合政策（×）

匿名希望　大阪府　私立高校　一浪

★高校生活は部活動ざんまい、一浪後にＳＦＣに合格

僕は高校生になってから、勉強は片手間に部活動だけを一生懸命するタイプの学生でした。毎日8時までクラブ活動をして、家に帰るときには10時になっていました。もちろんそんな時には勉強する気力も体力もなかったので、家に着くなりご飯を食べては寝る生活を続けていました。

また僕が通っていた高校は関西大学の併設高校で、自身の周りの友達も勉強をしなくても大学に進学できるという安心感を持っている環境でした。そのように周りに合わせて勉強はあまりせずに高校3年生のクラブ引退の時期まで過ごしていました。その後、関西大学にエスカレーター式で進学する予定でしたが、いわゆる敷かれたレールの上を歩くことに疑問を持つようになりました。結局関西大学進学を蹴り自分で勉強し進学することに決めました。

そこで起業家になりたかった僕は、なんとなく知っている起業家が多いＳＦＣを目指すことにしました。この時には、長い長い浪人生活が始まることは知る由もない楽観的な顔をしていたに違いありません。その後現役時、クラブ引退後の残された時間で英語に力を入れて勉強しました。センターでは英語は９割を超えていましたが、ＳＦＣの結果はあっけなく両学部不合格でした。そして一浪を経てＳＦＣに合格しました。

★ＳＦＣ小論文への一歩

ＳＦＣの受験は難易度の高い小論文で、どれほど点数が取れるかが合格の決め手になります。まず受験生にしてほしいことは〝先生を見つけること〟です。受験期にはいろいろな環境に置かれている人がいると思います。

ここでいう先生とは人に限りません。経済的に塾に通うことができない人や精神的に追い込まれていてできる限り人に会いたくない人、海外在住で身近なところで小論文対策ができない人のために、ＳＦＣ対策では無料でブログを公開している方がいたり、比較的に安価で電話添削してくれる塾があったりします。

日本一難しいレベルのＳＦＣの小論文対策は、「自分はできている」と思った時点で負けです。僕が小論文対策中に感じたことは、思考は階層的にできていることとです。自分ではよく書けたなと思った文章は、先生に添削してもらうと悪い点数だったりします。このように深く書けていると自分で思った文章は意外と浅瀬にいることが多く、他の受験生は複眼的に深く問題を設定し解決していたりします。ちなみにこれはダニング=クルーガー効果といって、科学的なエビデンスもある考え方ですので当てはまる人が多いはずです。

そして、SFCで行われている授業内容を少し知っているだけで、小論文を書いているときに大きなアドバンテージになることが多いです。なぜなら大学は授業にキャッチアップできる人を入試で取りたいからです。そのためSFCで行われている授業やアクティビティを少し調査してみましょう。

◎SFCの小論文のためにお薦めする本

歯に衣着せぬ言い方をすると、ちまたの90%のSFC対策本は読むに値するものはないと思います。なぜなら大抵の場合が小手先の技（特にフレームに落とし込んで書く方法）を持つためのものであり、また個別の塾の宣伝のために書かれているものが多いからです。しかし僕は、ビジネス本からSFC小論文に必要な思考や知見を得ることができると思っています。以下に幾つかの本を挙げたいと思います。

・環境情報学部の安宅和人教授著『イシューからはじめよ』

この本はSFC小論文の問題発見解決を展開する上で役立つ、知的生産の本質について書いてある本です。ビジネス書でベストセラーになっている有名な本の一つでもあり、とてもためになる本ではありますが、読者を選ぶ少し難解な文章になっています。

問題発見と問題解決がSFC小論文で毎年問われているテーマでありますが、それらの過程には様々な要素を必要とします。特に課題（イシュー）の質というのは、問題解決への道のりを良くも悪くもします。「AIを使って~を解決する」といった文章はSFC小論文で書きがちな文章ですが、これはソリューションドリブンの解決方法の場合が多く、イシューの質が低いことが多いです。このように設定した問題や課題の質が低い場合、質の低い答案になり、高い点数が取れないと考えています。

この本を難解に感じる方には『考える力とは、問題をシンプルにすることである。』という本をお薦めします。同じように問題設定に必要な知見が散りばめてある読みやすい本です。

・ジェームス・W・ヤング著『アイデアのつくり方』

この本はアイデアが必要な広告業界などでの古典です。そのため少し古い本ではありますが、SFC小論文を解題するときにあれば尚良い独創的なアイデアの作り方を学ぶことができます。特にアイデアをどうやって作ればいいのかわからない人にお薦めです。

・伊藤公一郎著『データ分析の力 因果関係に迫る思考法』

あなたは相関関係と因果関係の違いを説明できますか？　因果関係が相関関係に内包されていると思っている人は、統計を勉強したほうがいいかもしれません。SFC小論文でもデータの処理能力が問われる年が多いです。このため問題中の書かれたチャートやグラフのデータをどのように切るのかということを知っているのは、ＳＦＣ生にとって必要な素質です。

★ＳＦＣ合格への具体的対策

◎ＳＴＥＰ①　小論文

まずＳＦＣの小論文は、質問紙法を用いて作成されている可能性が極めて高いということを知ってください。質問紙法とは心理学の領域で使われている手法で、解答者の持つ本質的な資質を測るものです。

例えばＳＦＣでは論理力の他に慶應のホームページ（入学者の受入れに関する方針）の欄から見て取れるように、問題発見解決能力を持っている生徒を求めています。さらに自主的な思考力、発想力、構想力、実行力の有無を入学基準にすると記載されています。

ここから読み取れる要素として以下のものがあります。そして最後の一文には『「ＳＦＣでこんな事に取り組み学びたい」という問題意識に基づいて、自らの手で未来を拓く力を磨く意欲ある学生を求めます。』と書かれています。ぜひ原文はホームページで読み込んでください。そこでＳＦＣ小論文を解題するときに必要なことがあります。

合格にはあなたが

・SFCでやりたいことを持つ人
・問題発見解決能力がある人
・自主的思考力がある人
・構想力がある人
・発想力がある人
・実行力がある人

である必要があるのです。

さて順にどのようにSFC小論文が質問紙法に則り、これらの資質を測っているのか見ていきましょう。

まずSFCでやりたいことを持っているほうが年度によってはとてもいいです。なぜなら2017年の環境情報学部の小論文では「あなたが環境情報学部に入学してから、解決を試みようとする課題、あるいは発見しようとしていることについて、200字程度で説明しなさい。」という問いが出されました。このような問題に難なく答えられるように、ある程度解像度の高い状態でSFCでやりたいことを持っておきましょう。

次に問題発見解決能力を持たなければなりません。しかしこれは一朝一夕でつくような能力では到底ありません。ただしある程度の要素を掴めば、SFC入試レベルの問題発見解決能力は手に入れることができると思います。字数に限りがあるので少しだけ以下にその要素を書きます。

例えば問題を記述するとき、あなたはその問題とした事象だけを記述するだけで問題を記述したことになるでしょうか？　答えはノーで、問題を記述するときにはそれに関係する主体を記述するか目的を記述する必要があるからです。この問題発見解決能力は毎年のように問われています。

次に自主的思考力とは自分で考える力です。自分で考えるとはどういうことでしょうか？　日常生活で自分で考えることができる人というのは、らSFC小論文においても自分の意見を論じる必要があるのです。試験中に本文に書いてある文章を剽窃（盗用すること）して自分の論旨にしてしまうと、その能力はもちろんないことになります。

発想力というのは最も難しい採点基準だと思っています。なぜなら発想力というものが採点する人によって、受け取り方が変わるものだからです。SFCの小論文は発想力を主に問うていると勘違いしている人もいますが、その考えはやめてください。他にも採点基準が複数あり、その一部でしかない発想力に注力する必要はないのです。また小論文中で問われている発想力とは、2時間程度で大きな差がつくような簡単なものではありません。それでも発想力では点数をしっかり取りたい人は、前記で紹介した『アイデアのつくり方』という本を読んでみてください。アイデアは四則演算を用いて作りやすいという考え方も役に立つと思います。

構想力とは違う言葉で構造化する力と言えると思います。そのため論理的に接続詞が使えることも必要であり、記述している文章が構造化されていることも必要です。また図などが適切に構造化されている必要もあります。

実行力を持つ人を小論文においてスクリーニングすることは難しいと思われがちです。なぜなら小論文の段階では記述内容は自身が実行しないものだからです。しかし小論文において実行能力のある人の文章では実行段階への配慮がみられます。例えばその解決方法が非現実的であったりすると配慮がないと考えられます。

右記のように質問紙法の見地を生かしてＳＦＣ小論文を見ると、さらに複数の必要な素質がわかります。

◎ＳＴＥＰ②　英語

ＳＦＣ対策では単語の重要性についてよく言われますが、僕の見解ではそれほど重要ではありません。なぜなら僕自身英検１級の一次は通過していますし１０００万語以上の語彙力がありますが、ＳＦＣ英語では８割に到達するのが難しかったからです。むしろ必要なことは難解な文章でも内容を理解できるように読解力を上げることと、英文のシステムを見つけることです。英文のシステムとは、英文の中にもディスコースマーカで論理が展開されていて構造付けられていることです。

◎ＳＴＥＰ③　僕が通った塾

僕が小論文対策を始めたのは直前期の12月末からでした。そこでインターネットで見つけた毎日学習会に入塾を決めました。開始当初はクリスマスも大晦日もお正月も毎日添削していただけることに驚いていました。授業を開始するまで自分は小論文は〝できるタイプ〟の人間だと思っていましたが、10回の無料カウンセリングを重ねることで自分のできない所が浮き彫りになり、絶対にSFCの対策が必要だなという思いになりました。

具体的に僕の合格の決め手になったと思うこととしては、「毎日添削してもらえる」「質問に丁寧に応えてもらえる」「SFC在学中や卒の先生方に添削していただける」「SFC特有の英語の解き方を教えてもらえる」があります。

まず「毎日添削してもらえる」ことは、怠ける癖がある僕にとってはとても大きなメリットの一つでした。また毎日添削していただけることでその日に書いた小論文の悪い所がすぐにわかり、次の日にはそれを受けて改善することができました。

次に「質問に丁寧に応えてもらえる」ことも合格の大きな決め手だと思っています。一般的な小論文講座は、小論文を先生に提出してから返ってくるまでに時間がかかり、課題に関する質問ができません。しかし毎日学習会では質問をするとすぐに解説してもらえます。そのため僕はわからない部分があれば、何度も何度も理解できるまで先生に聞きました。

また「SFC在学中や卒の先生方に添削していただける」ことでSFCの研究会の内容について教えてもらえたり、先生方が本番で行った書き方を教えていただくことができました。

最後に毎日学習会の「SFC特有の英語の解き方を教えてもらえる」ことも、合格へと後押ししてくれた一つの要素だと思います。受験英語としては異彩を放っているＳＦＣ英語は、直前から対策を始めた僕にとってとても難しいものでした。しかし先生方にＳＦＣ頻出単語リストをいただいたりすることで、短い期間でありながらもなんとか合格者平均点まで伸ばすことができました。

小論文は筋トレのようなもので、毎日添削してもらうことで自分の文章の力がついていっているのだということを感じました。そしてＳＦＣを熟知している先生方の添削で、自分が小論文が〝できるタイプ〟の人間ではないということを知ることができました。

★試験当日の心得

◎食べ物

当日は2時間の英語と小論文を計４時間かけて解きます。もちろん体力は取られますし、集中力は大胆に削られます。そこで受験生が大切にしなければならないのは、ＧＩ値が低い食べ物を取るように努めることです。

ＧＩ値とはグリセミック・インデックスの略で、食後血糖値の上昇度を示す指数のことです。ＧＩ値の高い食べ物を摂取すると一時的に血糖値量は高くなり集中力は高まりますが、２時間というスパンでの長時間の効果で考えるとデメリットが大きいです。なぜなら高ＧＩ値の食物は血糖値スパイク（一時的な血糖値の上昇）を起こしがちで、そのスパイクはすぐに暴落し後に集中力の低下をも伴うからです。

◎小論文試験開始前から後まで

試験開始前には、自分で今までまとめた弱点や留意すべきポイントを復習しましょう。問題用紙が配られたら、まず透けて中身が見えるのでしっかり見ましょう。大抵の場合１枚目に設問が書かれていています。僕は問題用紙が配られてからの20分間の待機時間で、書く構成を完全に作り上げました。その余裕が焦りをなくしてくれたことを覚えています。

★最後のアドバイス―『自主的思考力を身につけよう』―

僕のこの合格体験記は当てになりません。僕は体験記を頼りにしてはいけないと思っています。ただし心のよりどころにはなります。なぜなら人は記憶にはバイアスをかけて過去のことを美化したり、書きたくないことは書かなかったりします。僕のこの体験記も多分そうです。

またこれらの体験記の通りに勉強しても、読んでいる人に合っている勉強法でない可能性があります。

例えば僕の場合、多くの人が英単語は書かずに声に出して覚えたほうが効率がいいと言っていますが、浪人時英単語だけを書いて20冊ほどノートを埋めた経験があります。このように一般的な方法の逆を取りましたが、英検１級の一次にも合格していたしＴＯＥＩＣも９００点を超えていました。つまり人がいう方法をやるより、自分なりの方法でやるほうが僕にとってはよかったということです。この時に、周りの意見に惑わされて自分で考えることをやめていてはＳＦＣも合格していなかったと思っています。

これを読んでいる方にも人の意見に惑わされないように、自分で考える力、自主的思考力を身に付けてもらいたいのです。それをＳＦＣも求めているのですから。

多様な価値観を持つ学生とともに学問できる幸せ

濱井正吾
早稲田大学教育学部　3年在学中

お世話になっております。昨年度の『私の早慶大合格作戦２０２０』にて、再受験の話を執筆させていただいた濱井正吾と申します。私は１９９０年11月11日生まれ。27歳で早稲田大学に入り、今年30歳の大台を迎えます。となると同級生との年齢差は最大９歳。こんなに歳の離れている人が大学で馴染めているのか？　楽しく過ごせているのか？　と気になる方も大勢いらっしゃると思います。今回は、そんな『９浪』の私が、早稲田大学は年齢が離れていても全く問題ない大学生活を送れる環境なのだということを、実体験から説明させていただきます。

▼この大学の素晴らしいところ

早稲田大学の素晴らしい点は、多様な価値観を持つ学生がいることです。真面目に勉強をする学生、サークル活動や企業のインターンに打ち込んで単位を落とす学生、泥酔してロータリーで「紺碧の空」を大合唱し、警察に怒られる学生…。いろいろな方がいて、みんな学生生活を謳歌しています。

その中でも、私が特に優れていると思うのが、人の価値観に寛容なことです。現在、私は登録者57000人を超える早大生YouTuber集団（2020年5月現在）である「バンカラジオ」の準レギュラーとして動画に出演しています。今でこそ学生YouTuberが激増して飽和状態になっていますが、私が出始めた当時はまだ世間のYouTuberに対する風当たりが強いものでした。

しかし、大学の友人で動画出演そのものを驚いた人はいても、それ自体を馬鹿にしたり、咎めたりする人はいませんでした。なんて懐の広い大学なのだろうかと感銘を受けたものです。

私が地元にいるときは、普通の人と違うことをしているとそれを見下したり馬鹿にしたりされたものでした。再受験をすることに対しても否定的に見られ、賛同者がいない中孤立無援で頑張ってきた記憶があります。

早稲田大学は挑戦を許容する文化があります。そして、自分だけでなく周囲の友人も精力的な活動をしているので多大な刺激を受けます。こうした姿勢が、大隈重信先生が唱えてきた「在野精神」を学生たちが受け継いでいることを証明していると私は思います。この環境にいるからこそ、人目を気にすることなく動画配信活動ができていると思うと、大学に入ってから得たものは計り知れません。早稲田に入って本当に良かったと思います。

▼受験時代の印象と実際の大学生活の違いについて

受験生時代は、東京大学や京都大学などの難関大学を落ちて不本意入学した真面目な秀才タイプと、チャラチャラして遊んでいる軽薄な遊び人タイプがいるという印象を抱いていました。今思えば失礼極まりなかったと反省しています。

確かに、東京の私立大学だけあってピアスを開けたり、金髪にしたりしておしゃれをしている人もいます。しかし、一見チャラそうに見える人でも話をすればみんな落ち着いていて、論理的な話し方をします。さすが日本最難関の私立大学ですね。みな教養と育ちの良さを感じます。私が彼らくらいの年齢のときなんて、感情で動くばかりで理性的な行動など何一つできませんでしたので、本当に皆さんのことを尊敬しています。

周囲が賢すぎると劣等感を抱く人もいるかもしれませんが、私は艱難辛苦を乗り越えて彼らと肩を並べることができたので、負の感情よりも一緒に学問ができるのが嬉しいという正の感情のほうが勝ります。幸せな生活をさせてもらっていると思います。

▼ここに気づいていればもっと楽に合格できたのに、と思うこと

もっと早く3教科に絞っておくべきだったと思います。

私が早稲田大学を第一志望にして勉強を始めたのは、早稲田大学入試の4連敗を含めて、合計11

連敗した2017年の入試が終わった後でした。それまでなんとなく、誰もが知っている有名な大学に入って、高校時代に自分のことをいじめた人間や、馬鹿にした親戚・職場の人間を見返してやりたいと思っていたのですが、この「なんとなく」が成績の伸びない諸悪の根源でした。

東大や京大を目指すからとりあえず5教科7科目やっておこうと考えて、1日あたりの勉強効果が分散されてしまっていたのです。

私は商業科の出身だったので日本史や理数科目はほぼ初学、古文や漢文に至っては高校のカリキュラムに入っておらず、完全に初学でした。そうした人間が、いくら勉強量を増やしたところで、今までコツコツ勉強してきた進学校の国公立受験生に勝てるはずがありません。その認識のズレでもう、私は負けていました。

ではどうすれば良かったのか？

私の中の答えは明白です。会社を辞めてからすぐに東京に行き、いろいろな大学を下見しておくべきでした。目標を目に焼き付けることで未来を描く、この動機付けが私には欠如していました。私が早稲田キャンパスの荘厳さに一目惚れをしたのは、辞職から1年4カ月経た2017年入試のときでした。結果的に絶対にここで学びたいという思いが明確なモチベーションとなり、1年間毎日15時間程度の勉強をこなし、4連敗を喫した次の年にリベンジを果たせたのですが、気づくのが遅かったです。

▼受験の心得

この書籍を手にとっておられる方は、受験に対して意識の高い、はたまた危機感が強い方だと思います。ですから、この項目ではお決まりの精神論など言われなくともわかっているはずなので言いません。だからこそ、受験生の盲点になりやすいことを、社会人と並行して受験生をやった私が〝大人〟だから持ち得る視点から伝えさせていただこうと思います。

それは、「辛いときこそ人に好かれる人間になろう」ということです。一見、何も受験と関係のないようなことに思えますよね。しかし、私は人間性と受験は密接な関係があると思います。人に好かれる人間は応援されます。応援される人間は、嫌われている人に比べてバックアップの面で非常に有利なのです。逆に嫌われる人は、学力が高くても合格の可能性は低くなってしまうと思います。その理由を今から説明していきます。

皆さんは今、入試本番に向けて一生懸命努力されていると思います。早慶を目指すような人ならなおさら、自分を追い込んで猛勉強しておられる方が多いでしょう。しかしここで陥りがちなのは、精神面の辛さから、人に攻撃的な態度をとってしまったり、当たってしまったりするケースが散見されることです。

私は長い浪人生活の中で様々な生徒を見てきましたが、残念ながら講師の先生方や職員さん、事務員さんに嫌われるような言動をする方も大勢いました。受験生は余裕がありません。この一年に人生がかかっているのですから、切羽詰まって当然です。私もその気持ちを経験してきているので、彼らの気持ちはわかるつもりではあります。周りのすべてが敵に見えますからね。しかし、それは非常にもったいないことであると思います。

先生方や職員さんは、毎年大勢の生徒を見てきている受験のプロです。そして、教育産業で働く方々は多くの場合、自らも受験の経験者です。受験生の辛い気持ちがわからないはずがありません。その中で、自分の辛い感情を表に出さず真面目に勉強している、愛想が良くできる、お礼が言える生徒は素晴らしいと感じるでしょう。そんな生徒にはどんな手を使ってでも合格させてあげたい、自分の持つ知識やノウハウを伝授したいと思うはずなのです。環境をうまく使うのは大事ですが、それは設備だけではありません。「人」も使うべきなのです。

実際、私が増田塾で浪人をしているとき、そのような心がけでいたためにおかげさまで講師の先生や社員さん、事務員さん、チューターさんに可愛がっていただきました。

講師の先生には来る度に英作文や要約問題、記述問題の添削をしていただきましたし、事務員さんには毎日口頭で英単語帳のテストをしていただきました。そうした、直接的には「時間外」の労働をしていただけたのも、私が普段から勉強に対する姿勢や振る舞いをしっかりしていて、信用を得ていたからだと思うのです。合格してから報告に行った後、チューターさんからは「模範的増田塾生だった」、社員さんからは「成績からすれば早稲田に合格したのはビックリしたけど、人間性からすれば当然だった」といったお褒めの言葉をいただきました。

辛いときこそ自分の感情を抑えて、真摯に、紳士に振る舞うことで、目に見えない予備校の利点を享受することができると思います。ぜひ、人に好かれるような人間であってください。

▼合格のためのアドバイス

私が合格を実現できたのは人生への危機感から、毎日勉強を続けられたためです。失敗したら人生が終わると思い、毎日がむしゃらに勉強しました。その結果、必死の思いでようやくギリギリ合格を掴み取ったので、技術的なことは他の合格生に比べれば劣りますし、学力でも小さい頃から勉強してきた人たちに比べれば到底敵いません。だから受験生の皆様へのアドバイスは、私と同じような危機感を植えつける話にします。

私は親族に誰も大卒者のいない年収200万円の世帯で生まれ育ち、偏差値41の高校の商業科を卒業し、平均給与が6万円の企業で受験費用300万円を貯めて早稲田大学に合格した人間です。環境が悪く、地頭がいいわけでもないからこそ、勉強量では誰にも負けない、負けてたまるかと思い努めてきました。会社を辞めてから2年4カ月間受験勉強を続けた私ですが、10時間以上の勉強を1日も欠かさず、ラスト1年に至っては13~15時間の勉強をこなしました。

ここまで頑張れた理由は、学歴と将来の成功に相関関係があることに気づいたからです。高校や会社、増田塾以前の塾で、勉強から逃げてきた方々の人生を目の当たりにした私は、やりがいのある頭脳労働をするためには、学歴が必要だと痛切に感じていました。

受験生の皆様には一旦、いろいろな方が言う「学歴は関係ない」という言葉は信用しないことを勧めます。高教養層の方の言う場合は、多くがポジショントークですし、人生の中で下流階級層の文化や思考レベルに触れていない可能性があります。逆に、教養が低い層が言う場合は、関係があるとわかっていても強がっている人、はたまた無知ゆえに本当に関係ないと思っているパターンが考えられます。彼らはそれぞれお互いの文化・社会に触れてきていません。だから、正反対の所得層・教養層の生活様式を詳しく理解するすべがないまま、こうした発言をしてしまいがちです。しかし、双方の文化を肌で感じ吸収している私なら、経験談から学歴の重要性を説得力を持って皆様にお伝えすることができると思っています。

勉強をしてこなかった人は、自分の過ちを認めない傾向があります。怒りっぽく、プライドが高く、仕事でミスをしても修正しようとしない。部下の手柄を自分の手柄にしようとする上司までいます。私がいた会社は中卒・高卒の方ばかりでしたが、そうした傾向があると思いました。

現に今、早稲田大学に来ていて謙虚に努力を続けて成果を残す人々を大勢見ている私は、自身の考えは間違っていなかったのではないかと思っています。もちろん、勉強をしないと失敗するとは限りませんし、学歴と人間性の関係は数値化できるものではありません。「中卒なのに成功者」、「高卒で年商●億円」と言う話も聞くように、成功をする人も大勢おられます。成果を上げているのであれば何であろうとすごい方ですし、その仕事ぶりや成功の秘訣は敬意を持って吸収するべきだと思います。

ところが、この表現には大きな罠があります。世の中の大多数の人は、生存バイアスで物事を見ているることを考慮しなければなりません。メディアによって報じられたこうした人々の成功を受けて、「学歴など関係ない」と解釈する人は確実に存在します。私の親戚や前の職場にいた還暦近い上司は、多くがこのタイプでした。

しかし、実際に大卒じゃなくとも華々しい成功を収める方の下には、数多の失敗した人が存在するわけです。だからこそ、世の中に溢れかえるほどいる中卒・高卒の中で、ほんのごくわずかな成功例として、「中卒〜」、「高卒〜」の肩書で脚光を浴びる方々がいるのです。大勢いるのにこの肩書が通用するのは、それだけ希少価値があるからなのです。成功する経営者は当たり前のように有名大学を出ているので、大学名など聞かれません。

逆のケースも考えてみましょう。例えば、有名大学の学生は法を犯したときに大学名とともに罪状が報道されます。「慶應生が痴漢」、「東大生が殺人未遂」など。こうした報道を見た一般の方は「高学歴は使えない」、「勉強できる奴は人としてダメ」という認識が植えつけられることも少なくありません。だからこそ、私の地元では有名大学の学生に対する嫌悪感を抱いている大人が非常に多いのです。

悲しいことに、有名大学に入れない人が圧倒的に多いこの世の中（早慶で人口の3％前後だったと思います）で、有名大学の生徒と会ったことも話したこともない層は、高学歴の人に対してテレビやドラマに出てくるステレオタイプ化された鼻持ちならないエリートだ、という印象を抱いているケースが散見されます。だから、エリートの不祥事は彼らからすれば垂涎の的なのです。

しかし、ここで私が強調しておきたいのは、不祥事を起こすだけでいちいち大学名が出るということは、有名大学の学生・出身者が間違いを犯す可能性がそれだけ低いと言うわけです。2019年に早稲田大学で犯罪をして報道された学生はいませんでした。冷静に考えれば、5000人ほど学生がいる大学でそうした例が一つもないのはすごいことなのではないでしょうか。

実際、高学歴の人々が成功をする傾向にあるのは、早稲田大学にいればその根拠が感じられます。まず、彼らは受験勉強で得た膨大な基礎知識量がありますし、それをベースに物事を考える習慣があります。私の知る限りですが、マルチ商法やカルト宗教にだまされるような方がいるようには思いません。そして、彼らは継続した努力ができます。知らないものを知る努力、できないことをしようとする努力です。これは、諦めずに膨大なトライアンドエラーを繰り返して、早稲田大学に来た彼らだからこそできるのではないでしょうか。

したがって、受験生の方々には、少しでも上のランクの大学に行くべきだということをお伝えしたく思います。日本社会全体に学歴が関係ない空気が出ている中でのこの話ですので、考えようによっては偏っている意見かもしれません。

しかし、生まれてから死ぬまで普通の人間は知り得ない都会と田舎、高教養層と低教養層の文化的障壁を、どちらも肌で感じて知っている私の経験は、生々しさと説得力をお届けできたと思います。人生を成功させるには、できるだけいい大学に行くべきなのです。今は勉強を頑張ってください。皆様と早稲田大学でお会いできる日を楽しみにしています。

Twitter: https://twitter.com/hamaishogo1111

・YouTube チャンネル

https://www.youtube.com/channel/UCm_LRgu9qb4cHza89sOBfdw?view_as=subscriber

来年はあなたの原稿で本書を飾ろう

●体験記大募集

合格したらすぐお電話・はがき・メールでお知らせください。追って書き方、要項、締め切り日をお知らせします。採用の場合は原稿料をお支払いします。あなたが成功した勉強法、ビックリの経験談、涙々の失敗談、なんでもOKです。まっています!!

合格作戦・編集部
体験記係

電話　03（3291）0306
FAX　03（3291）0310
メール　edit@yell-books.com

私の早慶大合格作戦 2021 年版　＊定価はカバーに表示してあります。

2020 年 7 月 20 日　初版第 1 刷発行

編　　者　エール出版社
編集人　清水智則
発行所　エール出版社
〒 101-0052　東京都千代田区神田小川町 2-12
信愛ビル 4 F
e-mail　edit@yell-books.com
電　話　03(3291)0306
ＦＡＸ　03(3291)0310
振　替　00140-6-33914

ISBN978-4-7539-3480-5